FUNDAMEN[...]
EVANGELIO

El reino en la tierra

VOL. 6	HECHOS – APOCALIPSIS

LifeWay Press® • Nashville, Tennessee

De los creadores de *The Gospel Project*, *Fundamentos del evangelio* es un recurso de seis volúmenes que enseña la trama de la Escritura. Es de amplio alcance pero, a la vez, lo suficientemente conciso como para terminarlo en tan solo un año. Cada volumen de siete sesiones incluye videos para ayudar a tu grupo a comprender cómo encaja cada texto en la trama de la Biblia.

© 2020 LifeWay Press®

ISBN 978-1-5359-5662-8 • Ítem 005814757

Clasificación Decimal Dewey: 230
Clasifíquese: CRISTIANISMO / EVANGELIO / SALVACIÓN

Equipo editorial

Michael Kelley
Director, Ministerio de grupos

Brian Dembowczyk
Editor general

Carlos Astorga
Director editorial, LifeWay Español

Joel Polk
Líder del equipo editorial

Daniel Davis, Josh Hayes
Editores de contenido

Brian Daniel
Encargado, discipulado a corto plazo

Darin Clark
Director artístico

Creemos que la Biblia tiene a Dios como autor, a la salvación como objetivo y a la verdad, sin ninguna mezcla de error, como tema, y que toda la Escritura es absolutamente veraz y confiable. Para leer las pautas doctrinales de LifeWay, visita lifeway.com/doctrinalguideline.

A menos que se indique lo contrario, todas las citas bíblicas se han tomado de la Santa Biblia, Versión Reina Valera 1960, propiedad de las Sociedades Bíblicas en América Latina, publicada por Broadman & Holman Publishers, Nashville, TN. Usada con permiso.

Para encargar más ejemplares de este recurso, escribe a LifeWay Resources Customer Service, One LifeWay Plaza; Nashville, TN 37234; solicítalos por fax al 615-251-5933; por teléfono al 800-458-2772; por correo electrónico a orderentry@lifeway.com; en línea, entrando a LifeWay.com; o visita la tienda cristiana de LifeWay más cercana.

Impreso en Estados Unidos de América

Groups Ministry Publishing
LifeWay Resources
One LifeWay Plaza
Nashville, TN 37234

Contenido

Sobre *The Gospel Project*

Fundamentos del evangelio es de los creadores de *The Gospel Project*, el cual existe para guiar a niños, alumnos y adultos hacia el evangelio de Jesucristo mediante estudios bíblicos grupales semanales y recursos adicionales que muestran cómo el plan redentor de Dios se despliega a lo largo de la Escritura y, aun hoy, los apremia a unirse a la misión divina.

The Gospel Project brinda estudios bíblicos teológicos pero prácticos y adecuados para la edad, que sumergen a toda tu iglesia en la historia del evangelio y la ayudan a desarrollar una cultura del evangelio que lleve a una misión del evangelio.

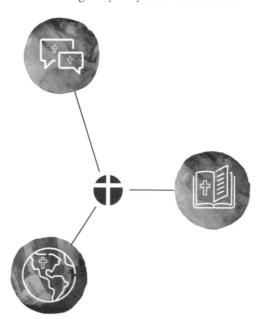

La historia del evangelio

Sumergir a personas de todas las edades en la trama de la Escritura: el plan de Dios de rescatar y redimir a Su creación a través de Su Hijo Jesucristo.

La cultura del evangelio

Inspirar a comunidades donde el evangelio sature nuestra experiencia y los que dudan se transformen en creyentes que comiencen a declarar el evangelio.

La misión del evangelio

Empoderar a los creyentes para vivir en misión, declarando las buenas nuevas del evangelio en palabra y en obra.

Cómo usar este estudio

Este libro de estudio bíblico incluye siete semanas de contenido para estudio grupal y personal.

Estudio grupal

Más allá del día de la semana en el cual se reúna tu grupo, cada semana de contenido empieza con la sesión grupal. Cada sesión utiliza el siguiente formato para facilitar una interacción sencilla pero significativa entre los miembros del grupo y con la Palabra de Dios.

Introducción al estudio y Marco contextual

Estas páginas incluyen **contenido y preguntas** para promover la conversación, además de una **infografía** para ayudar a los miembros del grupo a ver el flujo de la trama bíblica.

Discusión en grupo

Cada sesión tiene un **video educativo** correspondiente para ayudar a contar la historia bíblica. Estos videos fueron creados específicamente para desafiar al grupo a considerar toda la historia de la Biblia. Después de mirar el video, continúen el **debate grupal** leyendo los pasajes bíblicos y hablando de las preguntas que aparecen en estas páginas. Por último, finalicen cada sesión con una **respuesta misionera** personal basada en lo que Dios ha dicho a través de Su Palabra.

Estudio personal

Cada sesión proporciona tres estudios personales para llevar al individuo a profundizar en la Escritura y para complementar el contenido introducido en el estudio grupal. Con **enseñanzas bíblicas y preguntas introspectivas**, estas secciones desafían a las personas a crecer en su comprensión de la Palabra de Dios y a responder en fe.

Guía para el líder

En las páginas 95-108, se proporciona una guía para el líder, que incluye posibles respuestas a las preguntas resaltadas con un ícono, y sugerencias para diversas secciones del estudio grupal.

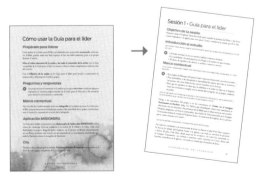

La Palabra de Dios para ti

La buena noticia que nos espera

«Y vivieron felices para siempre».

Este es el desenlace, la nota final de los cuentos de nuestra infancia. El príncipe es victorioso. El dragón queda vencido. Alguien rescata a la princesa. La lucha termina. Se gana la batalla. Y, por fin, «vivieron felices para siempre».

La Biblia también tiene su desenlace. Pero, a diferencia de los cuentos de hadas con sus felices para siempre, la conclusión ofrece una expectativa: no para el final que llega, sino para el siguiente capítulo que se escribirá. Una promesa que se resume en tres palabras: «Ven, Señor Jesús» (Apoc. 22:20). Esta es la promesa sobre la cual culmina toda la historia de la Escritura. Es el anhelo más profundo del corazón del pueblo de Dios. El primer hombre y la primera mujer anhelaban la venida del Hijo, Aquel cuyo calcañar aplastaría la cabeza de la serpiente (Gén. 3:15). Abraham anhelaba al hijo prometido, a través del cual todas las naciones serían bendecidas (Gén. 12:3,7). David anhelaba ver a su Señor, el Hijo que se sentaría en el trono de un reino imperecedero (Sal. 110:1). El pueblo de Dios, tanto en el exilio como en su regreso, anhelaba la venida del Siervo que los restauraría (Isa. 49:6-7).

Entonces, Aquel tan esperado llegó (Jesús, el Hijo de David, el Hijo de Abraham, el Hijo de Eva, el Hijo de Dios) y trajo redención y paz con Dios, al humillarse hasta la muerte y luego ser exaltado en Su resurrección (Fil. 2:8-11).

La noticia de la reconciliación que Jesús ofrecía se esparció por todo el mundo. Personas de toda tribu, lengua y nación creyeron y confiaron en Cristo para el perdón de sus pecados. Y, a medida que esta buena noticia seguía extendiéndose, la promesa se extendió con ella: la promesa que habla del día en que Jesús regrese a hacer nuevas todas las cosas. Cuando toda lágrima sea enjugada de todo ojo. Cuando el sufrimiento, la tristeza y la muerte ya no existan más. En su lugar, habrá alegría, regocijo y vida eterna, mientras Dios habite con Su pueblo para siempre.

Pero, por ahora, esperamos. Y mientras lo hacemos, nos unimos a nuestros hermanos y hermanas a través de los siglos, mientras anhelamos que llegue aquel día, haciendo eco de estas palabras: «Amén; sí, ven, Señor Jesús».

La llegada del Espíritu

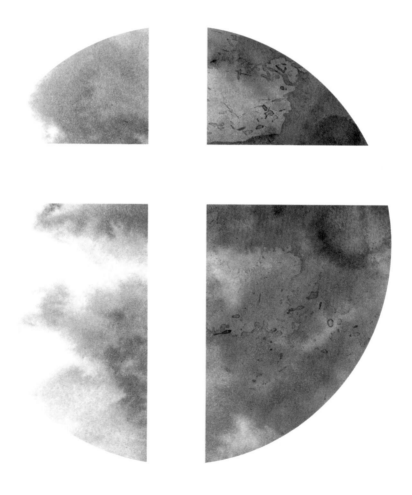

Introducción al estudio

Como el Salvador y Señor resucitado, Jesús tiene toda autoridad en el cielo y en la tierra, así que les ha dado a Sus discípulos sus órdenes de misión. El reino de Dios vino en la persona de Cristo, y Sus discípulos deben tomar como misión de vida extender la buena noticia del evangelio a todas las naciones de la tierra. Hace siglos, Dios le dijo a Abraham que sus descendientes bendecirían a todas las naciones; esa promesa se cumple en Jesús y en Sus discípulos como participantes activos del propósito redentor global de Dios.

 ¿De qué manera nos obliga la comisión de Jesús a reconsiderar nuestras prioridades?

La tarea que Jesús les dio a Sus discípulos era enorme. Incluso imposible. Por eso, Jesús no envió a Sus seguidores solos. Prometió que estaría con ellos siempre, aun hasta el final de los tiempos. La presencia permanente de Dios en la vida de los creyentes llegaría en la persona del Espíritu Santo. El Espíritu les proporciona a los seguidores de Cristo el valor y la convicción necesarios para completar la misión de Dios.

¿Cuál es la parte más difícil de transformar la Gran Comisión de Jesús en el centro de tu vida?

Marco contextual

Jesús siguió instruyendo y alentando a Sus discípulos durante 40 días después de resucitar. Después, justo antes de ascender al cielo, **clarificó la misión** que les estaba dando. Los discípulos debían ser Sus testigos; debían comunicarles a otros quién era Él y lo que había hecho para proveer salvación al mundo. Y esta misión los llevaría hasta los confines de la tierra, a toda lengua, tribu y nación. Pero, primero, debían esperar en Jerusalén la promesa del Padre.

 ¿Por qué crees que los discípulos debían esperar? ¿Por qué el Padre y el Hijo no enviaron al Espíritu Santo de inmediato?

Entonces, esperaron juntos durante diez días, unidos en oración, hasta el día de **Pentecostés**. Este era uno de los festivales de peregrinaje, así que esto significaba que los judíos habían viajado de todas partes para estar en Jerusalén y habían llenado la ciudad. La celebración de Pentecostés marcaba el final de la cosecha de cereales, y el pueblo se regocijaba y agradecía a Dios por las bendiciones de la cosecha, ofreciendo las primicias. El festival concluía con una comida compartida (una fiesta), donde se celebraba la provisión divina.

Sin embargo, esta celebración de Pentecostés no sería como ninguna otra. Durante este Pentecostés, los discípulos de Jesús experimentarían la provisión del **Espíritu Santo**. El libro de los Hechos habla de las obras maravillosas del Espíritu Santo a través de los discípulos de Jesús. **«Cómo ver el Antiguo Testamento en los Hechos»** (pág. 11) muestra cómo incluso estos sucesos fueron anunciados por Dios.

¿Por qué crees que tantos cristianos están confundidos sobre el Espíritu Santo?

✝ Conexión con CRISTO

Jesús les había indicado a Sus discípulos que esperaran al Espíritu Santo porque el Espíritu los llenaría de poder para que fueran Sus testigos en la tierra. Tal como Jesús había prometido, el Espíritu Santo vino sobre los discípulos, los llenó y los empoderó en Pentecostés, lo que resultó en 3000 creyentes nuevos. Dios les da el Espíritu Santo a aquellos que confían en Jesús como Señor y Salvador, y el Espíritu nos cambia para que seamos cada vez más parecidos a Jesús.

Cómo ver el
Antiguo Testamento *en* Hechos

Antiguo Testamento	Nuevo Testamento
La torre de Babilonia Dios confundió a la humanidad con distintos idiomas (Gén. 11:1-9).	**Pentecostés** La llenura del Espíritu Santo eliminó las barreras idiomáticas (Hech. 2:1-13).
La promesa del Espíritu Dios derramará Su Espíritu sobre toda la humanidad (Joel 2:28-32).	**El derramamiento del Espíritu** La promesa del Espíritu Santo se cumplió (Hech. 2:14-21).
La oposición al Mesías Las naciones conspiran en vano contra el Ungido del Señor (Sal. 2).	**La oposición a la iglesia** El pueblo del Mesías pide confianza y valor (Hech. 4:23-31).
El Señor Llamó y envió a los profetas por Su nombre a Su pueblo y a las naciones (Jer. 1; Ezeq. 2).	**Jesús** Llamó a Saulo a que llevara Su nombre a los gentiles, los reyes y los israelitas (Hech. 9; 22; 26).
La casa de David Las naciones que lleven el nombre de Dios serán incluidas (Amós 9:11-12).	**La iglesia** Los gentiles que son llamados con el nombre de Jesús son incluidos (Hech. 15:14-19).

Discusión en grupo

Mira el video para esta sesión y continúa con el debate grupal utilizando la guía siguiente.

¿Cómo describirías la persona y la obra del Espíritu Santo en la vida de un no creyente?

¿Cómo experimentan los cristianos la persona y la obra del Espíritu Santo en sus vidas?

Como grupo, lean Hechos 2:1-4.

* ¿Cómo revela este pasaje tanto el poder como el propósito del Espíritu Santo?

¿Por qué es significativo que las lenguas de fuego hayan descansado sobre cada creyente?

En el Antiguo Testamento, el Espíritu Santo venía sobre determinado profeta durante un tiempo, con algún propósito específico. Pero, en Pentecostés, el Espíritu Santo vino a hacer Su morada permanente en los creyentes. Las lenguas de fuego que descendieron sobre cada persona evidenciaron la llenura individual del Espíritu. El Espíritu empoderó a los discípulos para que se entregaran a la misión de Dios de declarar el evangelio, lo cual se hizo evidente en su nueva capacidad de hablar en las lenguas de las personas reunidas para el festival.

Como grupo, lean Hechos 2:22-24,36-40.

¿Cuáles son los componentes esenciales para comunicar el evangelio, según esta sección del sermón de Pedro?

* ¿Por qué es importante que Pedro le diera al pueblo una forma de responder?

¿De qué maneras podríamos complicar demasiado el evangelio al predicarlo?

La predicación que hizo Pedro del evangelio convenció a la multitud. Cuando los judíos reunidos a su alrededor escucharon sobre Jesús, supieron que necesitaban responder, pero no sabían cómo. Pedro les respondió y les dijo cómo podían ser salvos, y unas 3000 personas se volvieron creyentes aquel día. La incipiente iglesia crecía y crecía.

Como grupo, lean Hechos 2:41-47.

> ¿En qué actividades participaba la iglesia? ¿Por qué cada una era vital?

✱ ¿Qué significa que la iglesia primitiva estuviera llena de temor de Dios? ¿Cómo podría relacionarse esto con «el temor del Señor»?

> ¿Tenemos hoy en día ese mismo temor de Dios? ¿Por qué o por qué no?

Al igual que la iglesia primitiva, la iglesia de hoy debe dedicarse a las enseñanzas de los apóstoles, la comunión, la partición del pan y la oración. Estas actividades muestran cómo la iglesia se edifica sobre la Escritura, la comunidad del evangelio y el desarrollo espiritual. A medida que los nuevos creyentes se unían a la iglesia primitiva, vemos que todos estaban llenos de temor, lo cual se refiere a un temor saludable y una reverencia a Dios. En consecuencia, este temor surgía a medida que los apóstoles realizaban muchas señales y milagros, y demostraban así la mano de Dios sobre la iglesia.

✝ Aplicación MISIONERA

En este espacio, registra al menos una manera en que puedes aplicar la verdad de la Escritura como un creyente habitado por el Espíritu Santo y empoderado para la misión del evangelio.

Estudio personal 1

El Espíritu Santo viene a habitar en cada creyente.

Lee Hechos 2:1-4.

Durante los últimos días de Jesús en la tierra, antes de Su crucifixión y durante Su ascensión, Él les prometió a Sus discípulos que otro Consolador (el Espíritu) vendría a llevar a cabo Su obra. Les dijo: «Si me amáis, guardad mis mandamientos. Y yo rogaré al Padre, y os dará otro Consolador, para que esté con vosotros para siempre: el Espíritu de verdad, al cual el mundo no puede recibir, porque no le ve, ni le conoce; pero vosotros le conocéis, porque mora con vosotros, y estará en vosotros» (Juan 14:15-17).

Esta es una maravillosa afirmación trinitaria: el Hijo le pide al Padre que envíe al Espíritu. Pero, antes de que entendamos erradamente que estas tres Personas son de alguna manera independientes la una de la otra, Jesús añade: «No os dejaré huérfanos; vendré a vosotros» (Juan 14:18). Tal como el Hijo y el Padre son uno, también lo son el Hijo y el Espíritu. Aunque Jesús regresó con el Padre, el Consejero vino y Jesús sigue estando presente.

Tal es el misterio de la Trinidad. Dios el Padre, Dios el Hijo y Dios el Espíritu Santo son diferentes, pero a la vez son uno. Siempre tenemos que sostener estas dos verdades juntas: Dios es uno; Dios es trino. Las personas han intentado ilustrar la Trinidad con ejemplos como los estados del agua o las partes de un huevo, pero estas ilustraciones siempre quedan cortas. No podemos comprender la Trinidad. La doctrina no es ilógica, pero el ser infinito de Dios sobrepasa la comprensión humana. La Trinidad no es un acertijo para resolver con la lógica; es una maravilla para sostener mediante la fe.

Cuando Jesús prometió el Espíritu Santo, se prometió a sí mismo también. Él está sentado a la diestra del Padre (Ef. 1:20; Heb. 8:1; 12:2) y también está con nosotros siempre, «hasta el fin del mundo» (Mat. 28:20). Cuando el Espíritu Santo es enviado a nosotros, Dios está presente y eso, por supuesto, significa que Jesús mismo está presente con nosotros.

Los discípulos estaban desconcertados ante todo lo que había sucedido previo al arresto y la ejecución pública de Jesús, y luego de esto. Días antes de la crucifixión, Jesús había llegado a Jerusalén como un rey llega para su coronación. Toda la ciudad lo recibió aclamando al nuevo Rey de los judíos. Después, murió en una cruz. Algo mucho menor a lo que esperaban había ocurrido. Roma seguía teniendo el control de Jerusalén. No habría un nuevo Israel… No habría libertad de la tiranía de sus opresores.

Sin embargo, algo mucho *mayor* a lo que esperaban había ocurrido. Jesús había resucitado de los muertos. Ellos habían comido y conversado con Él. Habían tocado Sus cicatrices. Lo habían visto aparecer detrás de puertas cerradas en un cuerpo glorificado que era, a la vez, reconocible e irreconocible, familiar y nuevo. Y lo habían visto ascender a los cielos con la promesa de que volvería de la misma manera. Pero, primero, el Espíritu vendría tal como Jesús había prometido.

La historia no terminó con la resurrección y la ascensión de Jesús. En cambio, empezó un nuevo capítulo, uno en el cual el Espíritu Santo llenaría a todo creyente.

En la venida del Espíritu Santo, se cumplió la promesa de Jesús de estar siempre con nosotros, así como la promesa del profeta Joel de que Dios derramaría un día Su Espíritu sobre «toda carne» (Joel 2:28). De la misma manera, la venida del Espíritu reveló el papel que los seguidores de Cristo jugaban en el mundo: no eran meramente un grupo fiel que recordaba lo que Jesús había hecho, sino agentes de Dios para el bien en el mundo y los conductos mismos que Dios usaría para llevar a cabo Su misión. El avance del reino de Dios y la continuación de Su obra a través de Su iglesia en el mundo vendrían a través del Espíritu Santo.

¿Qué preguntas o pensamientos tienes sobre la llenura del Espíritu Santo?

¿Cómo debería cambiar nuestra manera de vivir el ser habitados por el Espíritu Santo?

Estudio personal 2

El Espíritu Santo viene a empoderar la expansión del evangelio.

Lee Hechos 2:22-24,36-40.

No pasó mucho tiempo desde la llegada del Espíritu Santo hasta que Él revelara la diferencia que marcaría en la iglesia. Cuando el Espíritu llegó, vino con el sonido de un viento recio. Este sonido captó la atención de los judíos reunidos en Jerusalén de todas las naciones para el festival de Pentecostés. Los judíos se reunieron a investigar y los discípulos les comunicaron la buena noticia de Jesús, en la lengua de cada uno de los que estaban reunidos, tal como el Espíritu permitía que lo hicieran. En respuesta a la confusión del pueblo, el apóstol Pedro, lleno del Espíritu, se paró ante la gran multitud y predicó el sermón registrado en Hechos 2:22-40.

Pedro no podía contenerse. Al pronunciar este sermón casi explotaba, señalando con urgencia a Jesús como el Mesías, Aquel que vino a liberar a Israel de las cargas opresivas del pecado y la muerte. «Jesús es el Señor y el Mesías», les dijo Pedro a los judíos. «Y Él se levantó de los muertos y ahora está sentado a la diestra del Padre». Sin embargo, ese día, no era Pedro el que hablaba; era Pedro *lleno del Espíritu*. Bajo la unción del Espíritu, las palabras fluyeron de sus labios. Entretejió la historia de Jesús con pasajes del Antiguo Testamento y exhibió el evangelio a la vista de todos.

Este sermón proporciona una ventana a la vida y la naturaleza de la Trinidad. No era meramente el amor de Pedro por el evangelio lo que estaba a la vista, sino también el amor del Espíritu por el evangelio y el amor del Espíritu por el Hijo. Cada persona de la Trinidad está prendada de las otras. En el bautismo de Jesús, el Padre dijo: «Este es mi Hijo amado, en quien tengo complacencia» (Mat. 3:17).

Como ya hemos observado, Jesús habló elogiosamente de la venida del Espíritu y de todo lo bueno que vendría con Él. Y aquí un Pedro lleno del Espíritu predica extáticamente de lo que Jesús logró y de cómo el Padre lo honró, sentando al Cristo resucitado a Su diestra. Cuando el apóstol Juan nos dice que Dios es amor, no tenemos que buscar más allá de las relaciones dentro de la Trinidad para ver ese amor exhibido.

Lo que aprendemos al mirar el libro de Hechos es que el Espíritu nos impulsa a darlo a conocer también. La misión de la iglesia (salir al mundo y compartir la buena noticia de la obra reconciliadora de Dios en Jesús) es un reflejo del corazón del Espíritu Santo, el cual está más ansioso que nadie de celebrar la obra del Padre y del Hijo.

Deberíamos entender que el inmenso poder del Espíritu Santo nos es dado a nosotros como cristianos específicamente para la misión que Dios nos dio. El Espíritu Santo no es como la empresa de electricidad. La empresa de electricidad proporciona una fuente de energía, pero su responsabilidad termina ahí. La cantidad de electrodomésticos que enchufamos, las luces que encendemos y apagamos o cuántos cables de extensión colocamos dependen de nosotros. La empresa de electricidad se mantiene neutral en cuanto al uso de la energía que proporciona. No obstante, el Espíritu Santo no solo nos proporciona el poder que necesitamos para llevar a cabo la misión de Dios, sino que nos dirige para que nos entreguemos a esa misión.

Saber esto debería cambiar drásticamente nuestra manera de pensar en la predicación del evangelio. Quizás a veces te cueste hablar, saber cuándo comunicar tu fe o iniciar conversaciones sobre Jesús. Algunos sugieren técnicas para facilitar este tipo de conversaciones, y muchas iglesias ofrecen clases sobre el tema. Esto no tiene nada de malo. Pero la manera más sencilla y mejor de predicar el evangelio con denuedo es buscando ser lleno del Espíritu (ver Ef. 5:18-19; comp. Hech. 13:50-52).

¿Qué evita que los cristianos compartan el evangelio con otras personas?

¿Cómo supera la llenura del Espíritu Santo nuestras barreras para predicar el evangelio y empodera nuestra evangelización?

Estudio personal 3

El Espíritu Santo viene a edificar la comunidad de la fe.

Lee Hechos 2:41-47.

Cuando el Espíritu Santo viene a un nuevo creyente, trae vida y crecimiento. Este crecimiento se asemeja al de un árbol, con sus ramas y raíces. Por un lado, el reino se extiende al mundo de maneras visibles y de gran alcance, características de la misión de la iglesia. El impulso de este crecimiento es desbordante y hacia afuera. Pero el reino también crece de maneras a menudo invisibles, en un impulso hacia adentro que resulta en profundidad, estabilidad y relaciones santas. Encontramos este crecimiento interior en Hechos 2.

Este pasaje registra muchas demostraciones de la gracia y la obra de Dios. Hay señales y milagros (milagros como sanidad de enfermos y exorcismo de demonios) que caracterizaron el ministerio de Jesús y el de los apóstoles. Pero también hay demostraciones más sutiles. Los creyentes compartían todas sus posesiones, vendían lo que tenían en abundancia para ayudar a los necesitados entre ellos. Además, se juntaban habitualmente y comían juntos.

Esta profundidad de comunidad no surge de la nada. La mayor parte del tiempo, cuando obligas a las personas a vivir en circunstancias comunitarias estrechas, lo opuesto sucede. La proximidad conduce a conflictos, y los conflictos llevan a límites más fuertes. «Cada uno en su casa y Dios en la de todos», como dicen. Esto se debe a que hay menos posibles conflictos si lo mío es mío y lo tuyo es tuyo, y las cosas están claras.

Sin embargo, en Hechos 2, esta nueva comunidad se mete en la vida del otro, y los límites alrededor de las posesiones y las riquezas desaparecen. Movilizados por el Espíritu, los intereses de cada creyente cambiaron de lo personal al bien de la comunidad de la fe, y empezaron a compartir todo lo que tenían. Compartían comidas, espacio y la vida en general.

Es más, a medida que la iglesia crecía en el libro de los Hechos, llegó a incluir a personas de toda clase de trasfondo. Gracias a la obra del Espíritu Santo, personas que antes estaban divididas por la raza, la condición económica o el nivel educativo ahora no solo se relacionaban unas con otras, sino que también se *amaban*. Esta clase de amor y unidad es un poderoso testimonio. No para el espíritu humano, porque nuestra naturaleza nos impulsa a dividirnos en grupos de personas que se nos parecen, que piensan y actúan como nosotros. En cambio, esta unidad era testimonio del poder de Cristo a través del Espíritu Santo, el cual derriba las paredes que nos mantienen separados.

Cuando el Espíritu Santo viene a morar en nuestro corazón, empezamos a desbordar del amor de Dios y el amor por nuestro prójimo, en especial, por aquellos que comparten nuestra fe. Estos dos amores gemelos impulsan toda la vida cristiana. El amor de Dios es lo que nos lleva a dar testimonio del evangelio en todo el mundo, y el amor por nuestros hermanos y hermanas nos impulsa a desarrollar relaciones ricas y de profundo compromiso con el pueblo de Dios.

Demasiado a menudo, hacemos énfasis en un amor por encima del otro. Cuando nos concentramos solo en la comunidad de la fe, podemos perder de vista la maravilla de Dios; predicar el evangelio mantiene viva y fresca esta maravilla en nuestro corazón. De manera similar, cuando solo nos concentramos en dar testimonio de Jesús sin desarrollar ninguna relación con otros cristianos, nos encontramos sin rendición de cuentas y, a menudo, nos falta la humildad y la bondad que vienen como resultado de que nos conozcan y nos amen profundamente las personas que nos rodean.

Lo que se muestra en Hechos 2 viene como resultado del regalo del Espíritu de Dios. No es algo que se pueda controlar, manipular ni fabricar. Tan solo surge cuando corazones abiertos, impulsados a la fe por el evangelio, reciben este regalo del Padre y el Hijo y son llenos de Él. Entonces, no buscamos esta vida transformada por el Espíritu al imitar estas conductas, sino al buscar la presencia de Dios, al pedirle que nos llene con Su Espíritu y renueve nuestro amor por Él, por Su Palabra, Su evangelio y Su pueblo.

¿Cómo has experimentado una profunda comunidad de la fe en el nombre de Jesús y a través de la llenura del Espíritu Santo?

¿De qué maneras podemos contribuir a esta comunidad de la fe llena del Espíritu?

La dispersión de la Iglesia

Introducción al estudio

Dios había cumplido Su promesa una vez más: el Espíritu Santo había venido a los creyentes en Pentecostés. Y sigue aquí, habitando en todo creyente y llenándolo de poder para crecer en Cristo y entregarse a la misión de Dios. A través del Espíritu, Dios también dio a luz a la iglesia, el cuerpo de Cristo, el cual no está unido por la raza, la condición económica ni el origen nacional, sino mediante la sangre de Jesús. La iglesia primitiva comenzó en Jerusalén, pero la comunidad de la fe siguió creciendo.

 ¿Qué caracterizaba a esta primera comunidad cristiana, lo cual debería caracterizar a todas las iglesias cristianas?

La iglesia estaba creciendo, pero todavía no se expandía. Debía extenderse para poder dar testimonio de Cristo por todo el mundo. Pronto, la iglesia empezaría este movimiento hacia afuera debido a una sorprendente razón: la persecución. Dios daría a conocer el evangelio por todas partes a través del sufrimiento.

¿Qué crees que representaba un desafío para la iglesia primitiva?

Marco contextual

La iglesia nació de una manera extraordinaria, acompañada de maravillosas señales con la llegada del Espíritu Santo, un sermón audaz y miles que confiaron en Cristo. Y más y más creyentes se añadían a la iglesia cada día. La iglesia de Jerusalén vivía junta en comunión y crecía en su fe. Pero este comienzo casi ideal no duraría.

Al poco tiempo, **Pedro y Juan** sanaron a un hombre cojo y proclamaron el evangelio, afirmando que la sanidad era evidencia de la resurrección de Jesús y llamando a las personas a arrepentirse y creer. Esto fue demasiado para la misma aristocracia religiosa que había orquestado la crucifixión de Jesús apenas semanas antes. A Pedro y a Juan los arrestaron y les prohibieron hablar en el nombre de Jesús: el primer acto de persecución contra la iglesia que pronto se intensificaría hasta llegar a la violencia. «**Sufrir por Jesús**» (pág. 23) sigue el rastro de esta secuencia de persecución contra la iglesia.

✱ ¿Qué tiene el sufrimiento que puede transformarlo en un testimonio tan poderoso para Cristo?

A pesar de las amenazas de los funcionarios, Pedro, Juan y el resto de la iglesia siguieron proclamando el evangelio. Hablar a los demás de Jesús era la misión central de la iglesia, y no podían detenerse. **Esteban,** uno de los primeros diáconos, o siervos, de la iglesia, predicó el evangelio con valor y fe, y se transformaría en la chispa que Dios usaría para encender una persecución endémica y esparcir la iglesia de Jerusalén.

¿Cómo has visto u oído que Dios use el sufrimiento para expandir el evangelio?

✝ Conexión con CRISTO

En su muerte como el primer mártir cristiano, Esteban siguió las huellas de su Salvador. Tanto Jesús como Esteban fueron acusados falsamente y condenados por blasfemia. Tanto Jesús como Esteban oraron por sus verdugos. Tanto Jesús como Esteban encomendaron su espíritu a Dios al morir. Como seguidor de Jesucristo, Esteban reflejó a su Maestro en vida y en muerte, y lo volverá a hacer en la resurrección.

Sufrir *por Jesús*

ACCIONES DE MINISTERIO	LA FORMA DE LA PERSECUCIÓN	LOS RESULTADOS
Pedro, junto con Juan, sanaron a un hombre cojo y predicaron en el nombre de Jesús (Hech. 3:1-26).	• El Sanedrín arrestó a Pedro y a Juan, y los increpó a no volver a hablar en el nombre de Jesús (Hech. 4:3-22).	• La iglesia oró por valor en medio de la oposición, y el Señor se los concedió mediante Su Espíritu Santo (Hech. 4:23-31).
A través de los apóstoles, los enfermos y los endemoniados eran sanos (Hech. 5:12-16).	• El Sanedrín arrestó y juzgó a los apóstoles, los mandó a azotar y les ordenó que no hablaran más en el nombre de Jesús (Hech. 5:18-41).	• Los apóstoles se regocijaron por ser considerados dignos para sufrir por el nombre de Jesús y siguieron proclamando la buena noticia sobre Jesús (Hech. 5:41-42).
Esteban realizaba grandes señales y milagros entre la gente, y hablaba con sabiduría del Espíritu Santo (Hech. 6:8-10; 7:1-53).	• A Esteban lo acusaron falsamente de blasfemar contra el templo, lo llevaron afuera de la ciudad y lo apedrearon (Hech. 6:11-14; 7:57-60).	• Esteban oró por el perdón para los que lo apedreaban (Hech. 7:59-60). • Se desató una persecución contra la iglesia y los creyentes se esparcieron por todo el mundo, predicando sobre Jesús (Hech. 8:1,4; 11:19-20).

Discusión en grupo

 Mira el video para esta sesión y continúa con el debate grupal utilizando la guía siguiente.

¿Cómo revela la historia de Esteban la habilidad de Dios para sacar buenos resultados de las intenciones malvadas?

¿Cuáles son algunas de las cosas que aprendemos de la fe bajo presión del relato de Esteban?

Como grupo, lean Hechos 6:8-10.

 ¿Qué atributos de Esteban se evidencian en estos versículos?

¿Cuáles son algunas maneras en que podemos y deberíamos depender del Espíritu al hablarles a otros del evangelio?

A través del favor y el poder de Dios, Esteban realizó grandes maravillas y señales entre el pueblo, las cuales respaldaban el evangelio que proclamaba. Sin embargo, algunos miembros de la sinagoga de los libertos se oponían a Esteban y, cuando no pudieron superarlo en un debate, indujeron a algunos hombres a que lo acusaran falsamente. Con acusaciones en mano, el grupo llevó a Esteban ante el Sanedrín, la corte suprema judía.

Como grupo, lean Hechos 7:44-51.

¿Cuáles son algunas de las historias del Antiguo Testamento que Esteban decidió mencionar en su defensa ante el Sanedrín?

 ¿Qué revela el uso que hizo Esteban de la Escritura sobre su manera de verla?

¿Cómo debería moldear nuestra manera de predicar el evangelio la acusación de Esteban contra el Sanedrín?

La defensa de Esteban les habría resultado conocida a los líderes judíos: venía directamente de las historias de su herencia en el Antiguo Testamento. Una y otra vez, sus ancestros se habían rebelado contra su Dios amoroso. Y esta generación había hecho lo mismo con Jesús. A esto apuntaba Esteban: ellos habían tratado a Jesús de la misma manera en que sus ancestros habían tratado a los profetas del Antiguo Testamento. Pero los líderes habían perdido de vista lo importante o habían decidido cerrar los oídos, las mentes y los corazones.

Como grupo, lean Hechos 7:54-60.

¿Por qué los líderes reaccionaron con semejante violencia contra Esteban?

 ¿Cuál fue el propósito de la visión de Esteban sobre Jesús parado junto al trono de Dios?

Al Sanedrín lo enfureció el sermón de Esteban, en especial por su acusación de que ellos habían recibido la ley, pero no la habían cumplido. No quisieron escuchar nada más y sacaron a Esteban para apedrearlo. Esteban había predicado a Jesús; ahora había llegado el momento de mostrar a Jesús. Al igual que el Señor, el Cordero de Dios que fue conducido al matadero sin ofrecer resistencia, Esteban se arrodilló en una actitud de oración y adoración, mientras los hombres enfurecidos empezaban a arrojarle rocas. Esteban fue humilde y fiel al mensaje del evangelio en palabra y en obra, y Dios recibió la honra. Tal es así que la visión de Esteban sobre Jesús es de Él parado en lugar de sentado. Esteban murió con una visión de su Señor exaltado en su mente y de inmediato entró a Su presencia. Al final, Esteban no solo testificó sobre la centralidad del evangelio, sino que también vivió esa verdad.

✝ Aplicación **MISIONERA**

En este espacio, registra al menos una manera en que puedes aplicar la verdad de la Escritura como un testigo de la verdad, la gracia y la gloria de Jesús.

Estudio personal 1

El pueblo de Dios habla con valor en el poder del Espíritu.

Lee Hechos 6:8-10.

Hechos 6–7 registra cómo persiguieron a Esteban por su testimonio sobre Jesús. Esta es una de las historias más antiguas y poderosas de un cristiano que le hizo frente al sufrimiento… incluso al punto de la muerte.

Esteban estaba lleno del Espíritu Santo y se lo conocía por realizar señales y milagros, y testificar sobre Jesús. Sin embargo, el éxito suele traer oposición. No todos recibieron el mensaje de Esteban sobre Jesús, y algunos discutieron con él, esperando impedir que predicara el evangelio. Pero Dios le había dado a Esteban el Espíritu Santo y sabiduría, así que los esfuerzos de esta gente fueron en vano.

Este es un tema recurrente en el libro de Hechos: hombres comunes y corrientes como Esteban y Pedro debaten con clérigos educados y ganan. A los líderes judíos tal vez los hayan asombrado estas pérdidas, pero a nosotros no deberían llamarnos la atención. Esteban y Pedro tuvieron dos ventajas nada equitativas desde el principio. En primer lugar, estaban del lado de la verdad, lo cual hace que ganar un debate sea mucho más fácil. Segundo, estaban llenos del Espíritu Santo, lo cual les daba una sabiduría sobrenatural en lo que decían y cuándo y cómo lo decían.

A menudo, cuando nos confrontan amigos no creyentes o una cultura incrédula, buscamos alguna ventaja en libros o en capacitación. Queremos aprender a vencer los argumentos del mundo, a hablarles de Jesús a los demás de una manera irrefutable. Esto tiene su valor. Sí, *deberíamos* estudiar la historia que el mundo cuenta y cómo comunicar la historia del evangelio de manera poderosa. Sin embargo, a fin de cuentas, las herramientas y las técnicas no son las que marcarán la diferencia. La presencia de Dios y el poder del Espíritu Santo inclinarán la balanza. Al prepararnos para la confrontación con el mundo, nos sería más provechoso orar, leer la Biblia y adorar.

Como los judíos no podían vencer a Esteban, lo llevaron ante el Sanedrín, el cuerpo de líderes religiosos que supervisaban la comunidad judía. Allí, sus oponentes recurrieron a tácticas viles y sucias, y mintieron sobre lo que Esteban había estado predicando y enseñando.

No debería sorprendernos tener una experiencia similar. A medida que la cultura a nuestro alrededor se vuelve cada vez más hostil al cristianismo, no debería sorprendernos si nos encontramos como objetos de una agresión mayor.

¿A quién llamaba Juan a arrepentirse? A todos. Y eso era escandaloso. Llamar a los pecadores y a los paganos a arrepentirse era de esperarse, pero Juan llamaba a los religiosos (los fariseos y los saduceos) a arrepentirse también. Todo Israel debía apartarse del sistema roto de religión de la época. Tenían que darle la espalda a la fuente principal de su identidad. Debían rechazar la adoración que conocían y prepararse para encontrarse con la fuente de la verdadera adoración. Juan sabía que especialmente los líderes religiosos necesitaban prepararse: su corazón y su espíritu no estaba bien.

Este improbable profeta señalaba a un Mesías improbable. Su evangelio (literalmente, «buena noticia) era que el Mesías profetizado por fin había llegado. El Evangelio de Mateo destaca a Jesús como el «Emanuel» prometido, que significa «Dios con nosotros» (Mat. 1:23). Jesús es el único Rey divino, el Mesías prometido, y Juan testificaba sobre Él.

Juan entendía su lugar en la historia, y este lugar era preparar el camino para Jesús. Jesús tenía el lugar de verdadera grandeza. Jesús era el centro de la historia. Y Él traería un arrepentimiento el cual Juan tan solo podía señalar.

El Mesías (el Rescatador, el Liberador, el Prometido y el Rey) había llegado. Era hora de que Su pueblo respondiera como debía.

¿Qué te llama la atención respecto al anuncio de Juan el Bautista sobre el Rey que llegaba?

¿Qué nos enseña esto sobre el reino de Dios que puede ser inesperado?

Estudio personal 2

El pueblo de Dios proclama la Palabra de Dios con el entendimiento del Espíritu.

Lee Hechos 7:44-51.

Con el tiempo, Esteban fue llamado a hablar. Su respuesta a las acusaciones en su contra se registra en Hechos 7. La defensa de Esteban viene en la forma de una represión severa con un claro testimonio de Jesús como el cumplimiento del Antiguo Testamento, aquello mismo por lo cual se lo acusó de blasfemo.

El sermón de Esteban quizás nos resulte algo extraño. Es importante tener dos cuestiones en cuenta cuando lo leemos, para que entendamos cuán poderoso es su mensaje y por qué fue tan fuerte la reacción que generó.

En primer lugar, para la audiencia judía de Esteban, no había nada sobre la tierra tan sagrado como el templo. El templo de Jerusalén era la cúspide de la historia judía. Como judíos, su afirmación exclusiva era que el único Dios verdadero habitaba con su pueblo; primero, en el tabernáculo portátil y luego en el templo permanente en Jerusalén. El templo era un símbolo vital de la presencia y la bendición de Dios, y era objeto de orgullo nacional.

Segundo, Israel fue infiel a su pacto con Dios. A lo largo de su historia, se volvió a los dioses y los ídolos de sus vecinos. Con el tiempo, los israelitas fueron conquistados, el templo quedó destruido y la nación, aplastada. Durante generaciones, el templo estuvo en ruinas. Su reconstrucción trajo aparejada un avivamiento religioso, y la presencia del segundo templo en Jerusalén se veía como una señal de que Dios volvería a Israel y un día ellos serían libres de la tiranía de las naciones.

Cuando Esteban habló del lugar donde Dios habita, él y su audiencia tenían esta historia en mente. Dios nunca había estado confinado a estos habitáculos, algo que nadie en Israel disputaba, pero Esteban fue más allá y les dijo que no estaban entendiendo lo que sucedía en Israel ahí mismo. Por cierto, Dios había regresado a Israel, pero no se había manifestado en el templo, sino en carne y hueso. El Justo había venido, y ellos lo habían matado.

Al declarar esto, Esteban no solo los confrontó como los culpables de la muerte de Jesús, sino que los puso en el mismo grupo con todos los que habían sido infieles a Dios en la historia de Israel. Tal como los miembros infieles de Israel habían matado a los profetas, sus hijos del primer siglo habían matado a Aquel al cual los profetas señalaban.

Habían matado a Jesús, Dios encarnado, y peor aún ahora estaban persiguiendo a Su iglesia, donde Dios el Espíritu Santo habita en el corazón del pueblo de Cristo.

Sin duda, los que escucharon a Esteban quedaron pasmados. Era algo chocante no solo por las acusaciones de Esteban en contra de ellos, sino porque Esteban interpretaba de otra manera el significado de las historias del Antiguo Testamento. Al igual que los viajeros en el camino a Emaús en Lucas 24, los ojos de Esteban fueron abiertos para que vieran que toda la Ley y los Profetas daban testimonio de Jesucristo.

Lo mismo nos sucede cuando leemos la Palabra de Dios. El Espíritu de Dios abrirá nuestros ojos, nuestra mente y nuestro corazón para comprender y aplicar la Escritura a nuestras vidas. El poder del Espíritu es evidente cuando leemos la Biblia y descubrimos que está viva, que es activa y más filosa que una espada de doble filo; sin embargo, otra persona tal vez la lea y le resulte un manuscrito polvoriento y rancio. El Espíritu Santo es el que marca la diferencia.

Cuando proclamamos la Palabra de Dios, tanto a nuestra propia alma como a aquellos que nos rodean, podemos hacerlo con confianza. Pero nuestra confianza no está en nuestra habilidad de hablar o ilustrar con elocuencia ni de argumentar de manera convincente. En cambio, nuestra confianza está en el poder del Espíritu Santo, el cual le infunde vida a la Palabra de Dios.

¿Qué postura de mente y de corazón deberíamos adoptar al leer la Palabra de Dios?

¿De qué maneras podrías expresar tu fe en el poder de la Palabra de Dios en tus hábitos diarios?

Estudio personal 3

El pueblo de Dios enfrenta persecución con la llenura del Espíritu.

Lee Hechos 7:54-60.

La respuesta a Esteban fue rápida y terrible. Vale la pena destacar tres detalles de esta última escena de la vida de Esteban porque cada uno muestra cómo la llenura del Espíritu Santo afecta la manera en que enfrentamos la oposición y la persecución.

Primero, observa que Dios estaba con Esteban en medio de su tribulación. Cuando escuchamos historias de cristianos que soportan golpizas, torturas y la amenaza de la muerte mientras rehúsan negar su fe, a menudo nos preguntamos cómo lo habrán hecho. ¿Cómo pudieron mantener su fe bajo semejante presión? Seguramente, se vieron tentados a negar su fe para salvarse la vida. ¿Acaso Dios no entendería? ¿No los perdonaría? ¿Y no tendría sentido salvarles la vida para que pudieran seguir predicando el evangelio?

Si Esteban sintió esa presión, está claro por qué no cedió. Esta es la razón que ofrece la Biblia: Esteban estaba lleno del Espíritu Santo. A medida que aumentó la intensidad de la persecución, también lo hizo la provisión sustentadora de Dios… Esteban miró al cielo y vio la gloria de Dios con Jesús sentado a Su diestra. Esteban no pudo negar el señorío de Jesús en ese momento porque lo vio con suma claridad, quizás con más claridad que nunca antes. Por lo tanto, incluso mientras la multitud se volvía en su contra enfurecida, él clamó con gozo y en adoración.

Aquí vemos un principio que repercute a través de la Escritura: Dios proveerá todo lo que necesitamos para obedecerle y seguirlo. Dios provee lo que necesitamos cuando lo necesitamos y, cuando el sufrimiento y las pruebas llegan a nuestras vidas, podemos estar seguros de que Dios proveerá la fuerza, el apoyo y el ánimo que necesitamos para permanecer fieles. Dios nunca prometió rescatarnos de las pruebas, pero sí prometió acompañarnos y llevarnos hasta el otro lado.

Segundo, vemos que Esteban tenía razón en su debate con los líderes judíos, y lo sabía, pero no actuó de manera crítica ni arrogante. Sí, su reprensión contra los líderes fue severa, pero mientras moría Esteban clamó: «Señor, no les tomes en cuenta este pecado». Al igual que Jesús, clamó a Dios para que fuera misericordioso con aquellos que lo perseguían (ver Luc. 23:34). Sus acciones no estaban motivadas por el orgullo (el deseo de tener la razón y probarlo), sino por el amor. Quería que los judíos vieran que tenía razón, no simplemente para que le creyeran, sino para que creyeran en Jesús. Predicar, evangelizar y contender por la fe son cuestiones que deben surgir de un corazón de amor y compasión por los perdidos, no de un ego que desea probar que tiene razón y quiere ganar.

Tercero, a medida que la multitud juntaba piedras para matar a Esteban, apilaron sus túnicas a los pies de un judío llamado Saulo. Dios transformaría la vida de Saulo; uno de los perseguidores más violentos de la iglesia se transformaría en uno de los plantadores de iglesias y teólogos más importantes de la historia. La mayoría de nosotros conoce a Saulo como el apóstol Pablo. Su presencia en este momento nos recuerda que nunca sabemos qué puede resultar de nuestro ministerio y nuestras palabras, y que nadie está fuera del alcance de la gracia de Dios.

Muchas personas señalarían la muerte de Esteban y la considerarían un fracaso. Nadie se convirtió ni nadie confesó que Jesús es el Señor; tan solo aumentó la hostilidad hacia los seguidores de Jesús. Pero, por supuesto, esto de ninguna manera era el final de la influencia y la historia de Esteban, lo cual prueba la inclusión de este relato en el libro de Hechos. Alguien presenció la muerte de Esteban y supo que era importante. Alguien fue impactado por lo que él dijo aquel día, por cómo murió con su fe firmemente puesta en Cristo. Es probable que, ese alguien haya sido Pablo, el cual participó con Lucas (el autor de Hechos) en muchas empresas misioneras más adelante en el libro. Al parecer, la oración de Esteban pidiendo misericordia para sus perseguidores encontró una respuesta de lo más improbable en la conversión del cabecilla de su ejecución.

Los cristianos llenos del Espíritu terminan haciendo muchas cosas extrañas y maravillosas. Tal vez nada sea tan extraño y poderoso como la impavidez con la cual pueden enfrentar el sufrimiento y la muerte.

¿Cómo has experimentado el sostén del Espíritu Santo sobre tu fe en medio de las pruebas?

¿Cómo has visto que el sufrimiento fiel anime a otros creyentes o abra puertas para predicar el evangelio a los incrédulos?

La expansión del evangelio

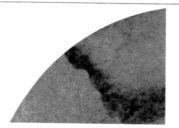
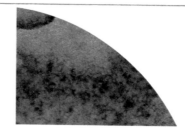

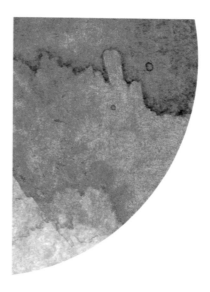

Introducción al estudio

Jesús fue muy claro al mandar que el evangelio se predicara en círculos concéntricos, cada vez más amplios. Empezarían en Jerusalén, después seguirían en Judea, luego en Samaria y, por fin, hasta lo último de la tierra. A pesar de este mandamiento, hizo falta que muriera Esteban, el primer mártir cristiano, para que la iglesia se movilizara desde los confines de Jerusalén.

> ¿Cómo te motiva la historia de Esteban, aun si no te persiguen por tu fe?

Ante la inmensa ola de persecución que aplastó a la iglesia de Jerusalén, los primeros cristianos se esparcieron y llevaron consigo el evangelio. Jesús había dejado en claro que el evangelio debía predicarse no solo a los judíos en Judea, sino también a los gentiles en todo el mundo. A medida que los cristianos salieron de Jerusalén, Dios fue fiel y proveyó oportunidades para que comunicaran el mensaje del evangelio. Así, la fe en Jesús empezó a trascender las fronteras nacionales y étnicas, a medida que Dios preparaba el camino.

 ¿Cuáles son algunas maneras en que Dios puede preparar a alguien para que escuche el mensaje del evangelio?

Marco contextual

El martirio de Esteban marcó un rápido ascenso en los ataques contra los primeros cristianos y su mensaje del evangelio. **La persecución** era tan severa que todos los cristianos, excepto los apóstoles, se dispersaron. De manera significativa, es durante este período de persecución que se nos presenta a Saulo, el cual aprobó el asesinato de Esteban y surgió como el principal perseguidor de la iglesia.

Felipe era uno de los hombres designados para ocuparse de las necesidades de los miembros de la iglesia. Cuando empezó la persecución, Felipe viajó a Samaria. El mapa sobre «**La expansión de la iglesia primitiva en Palestina**» (pág. 35) sigue la ruta de Felipe después de dispersarse ante la persecución en Jerusalén. Ir a la tierra de los samaritanos implicaba cruzar una línea cultural significativa. Los judíos consideraban a los samaritanos miembros de una clase inferior y mestizos porque descendían de judíos que se habían casado con gentiles.

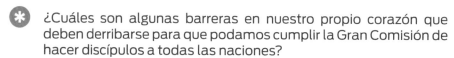 ¿Cuáles son algunas barreras en nuestro propio corazón que deben derribarse para que podamos cumplir la Gran Comisión de hacer discípulos a todas las naciones?

A pesar de las barreras culturales, Felipe proclamó el mensaje del evangelio a **los samaritanos**. Dios también lo usó para realizar milagros en Samaria, los cuales confirmaron la verdad de su mensaje. Felipe es el primer misionero en el libro de Hechos, pero no sería el último; sería el primero entre muchos.

Si supieras que Dios puede estar preparando a alguien para que escuche el evangelio de tu boca, ¿cómo podría cambiar esto tu perspectiva hacia la evangelización?

✝ Conexión con CRISTO

El eunuco etíope conocía a los profetas del Antiguo Testamento, pero no podía entender cómo su mensaje se cumplía en Jesucristo. Felipe fue conducido por el Espíritu Santo para ayudarlo a entender cómo Jesús murió en la cruz por nuestros pecados y resucitó de los muertos, de acuerdo con las profecías antiguas.

La expansión de la
iglesia primitiva *en* Palestina

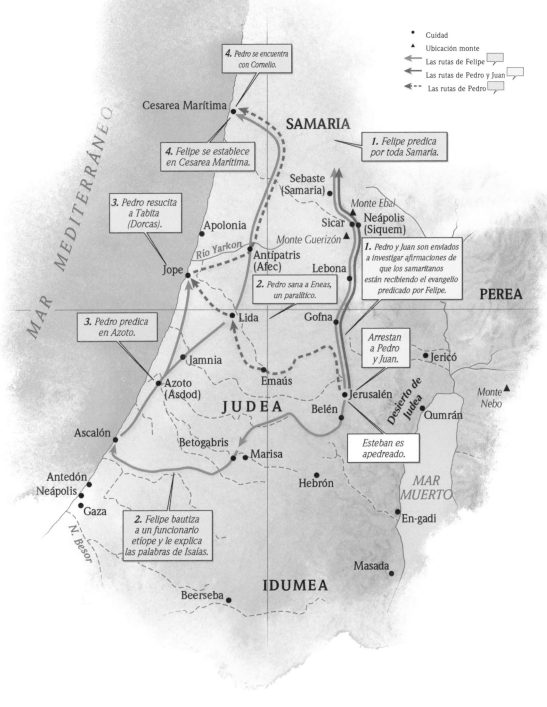

Cuidad ●
Ubicación monte ▲
Las rutas de Felipe ←
Las rutas de Pedro y Juan ←
Las rutas de Pedro ◄---

4. Pedro se encuentra con Cornelio.

Cesarea Marítima

SAMARIA

1. Felipe predica por toda Samaria.

4. Felipe se establece en Cesarea Marítima.

Sebaste (Samaria)

Monte Ebal

3. Pedro resucita a Tabita (Dorcas).

Apolonia

Sicar   Neápolis (Siquem)

Monte Guerizón

1. Pedro y Juan son enviados a investigar afirmaciones de que los samaritanos están recibiendo el evangelio predicado por Felipe.

Río Yarkon

Antípatris (Afec)

Lebona

PEREA

Jope

2. Pedro sana a Eneas, un paralítico.

3. Pedro predica en Azoto.

Lida   Gofna

Arrestan a Pedro y Juan.

Jamnia

Jericó

Emaús

Monte Nebo

Azoto (Asdod)

JUDEA

Jerusalén
Belén

Desierto de Judea

Qumrán

Ascalón

Betogabris

Marisa

Esteban es apedreado.

MAR MUERTO

Antedón
Neápolis

Hebrón

Gaza

En-gadi

2. Felipe bautiza a un funcionario etíope y le explica las palabras de Isaías.

N. Besor

MAR MEDITERRÁNEO

Masada

IDUMEA

Beerseba

Discusión en grupo

 Mira el video para esta sesión y continúa con el debate grupal utilizando la guía siguiente.

¿Qué muestra la historia de Felipe y el funcionario etíope sobre el carácter y el propósito de Dios?

¿Cómo te anima específicamente esta historia a compartir tu fe?

Como grupo, lean Hechos 8:26-29.

 ¿Cómo describirían la respuesta de Felipe a las instrucciones del Espíritu? ¿Qué nos dice esto sobre Felipe?

¿En qué sentido es similar la situación de Felipe a alguna que podrías experimentar?

Felipe estaba viviendo en una postura de sumisión obediente, así que, cuando el Espíritu dio la orden, él estaba listo para seguirlo. Felipe obedeció la instrucción de Dios y encontró a una persona en la cual Dios había estado obrando. Dios le había instruido que predicara el evangelio y, si somos obedientes a este mandamiento, nosotros también encontraremos personas en las cuales Dios ha estado preparando el camino.

Como grupo, lean Hechos 8:30-35.

¿Qué habría pasado si Felipe no hubiera estado preparado para hablar de la Escritura o no hubiera conocido la profecía de Isaías?

¿Qué nos dice esto de la conexión entre el crecimiento espiritual personal y predicar la buena noticia de Jesús?

 ¿Qué podemos aprender del enfoque de Felipe para predicar el evangelio?

El etíope estaba leyendo una profecía de Isaías respecto al Siervo Sufriente de Dios, el cual sabemos que es Jesús. Cuando el hombre le pidió a Felipe que lo ayudara a entender lo que estaba leyendo, Felipe estaba preparado, así que interpretó el pasaje y le señaló a Jesús. En el enfoque de Felipe para predicar el evangelio encontramos a un creyente obediente al liderazgo del Espíritu Santo, dispuesto a acercarse a personas en circunstancias de la vida real y capaz de hacer la pregunta correcta y compartir la verdad del evangelio.

Como grupo, lean Hechos 8:36-40.

 ¿Qué reveló la pregunta del hombre en el versículo 36? ¿Cómo refleja esto un corazón cambiado?

¿Qué nos enseña el versículo 40 sobre la fidelidad constante de Felipe?

Las palabras de Felipe fueron una buena noticia para el hombre porque este creyó en el mensaje del evangelio. Su corazón fue cambiado, y Felipe obedeció el mandato de Jesús de bautizar a aquellos que vinieran a la fe. Después, Felipe fue arrebatado en forma milagrosa. El Espíritu no lo *sacó* del ministerio, sino que lo *llevó* a un nuevo ministerio. Dios tenía otra cita para que Felipe predicara el evangelio en otra parte.

✝ Aplicación MISIONERA

En este espacio, registra al menos una manera en que puedes aplicar la verdad de la Escritura como receptor de la gracia de Dios comunicada mediante Su Palabra sobre Cristo.

Estudio personal 1

El pueblo de Dios es obediente y sigue la guía del Espíritu.

Lee Hechos 8:26-29.

Hay un hilo que atraviesa los Evangelios y el libro de los Hechos y que acentúa la providencia y el plan divinos. Las personas parecen impulsadas a marcharse o aparecen justo a tiempo para encontrarse con Jesús o los apóstoles. Este hilo es central en la historia de Felipe aquí en Hechos 8. Aunque el encuentro entre Felipe y el etíope es bastante breve, es significativo en el libro de Hechos, ya que pinta un retrato de la misión impulsada por el Espíritu.

Considera la trascendencia simbólica de la historia. Aunque no parece que Etiopía estuviera tan lejos de Israel, en aquella época las dos regiones estaban tan separadas una de la otra como era posible. Hablar de Etiopía sería como hablar del otro lado del mundo. Por lo tanto, en la mente de los lectores originales de Hechos, la introducción de un etíope en la historia (en especial, de uno que había ido a Jerusalén a buscar a Dios) llamaba la atención. El etíope revela el alcance global del mensaje del evangelio (es una palabra para las naciones, no solo para los judíos), y nos muestra la obra de Dios para cultivar un hambre por Él en el corazón de todas las personas.

La historia del etíope nos recuerda que el Señor está obrando en el corazón de muchos para atraerlos a Él, y que ellos están respondiendo. En este caso, el etíope sabía lo suficiente como para ir a Jerusalén a buscar a Dios, pero, en muchos casos, las personas buscan en cualquier parte alguna pizca de esperanza y espiritualidad.

Si miras a tu alrededor, puedes ver este anhelo en todas partes. Aparece en la cultura de las celebridades, donde la promesa de redención y significado es parte del paquete de las icónicas imágenes de modelos y estrellas. Aparece en la política, donde las personas se agrupan alrededor de los líderes que prometen esperanza, significado y una restauración de alguna gloria perdida. Aparece en toda clase de pseudorreligiones, desde las dietas de moda hasta las prácticas de meditación que prometen juventud, vitalidad y paz interior. Las personas corren detrás de estas promesas trascendentes porque tienen sed.

Felipe fue enviado por Dios a un encuentro de este tipo. Después de escuchar el mandato del ángel, Felipe obedeció, dejó lo que estaba haciendo y salió al camino. Este encuentro podría *no* haber sucedido por muchas razones. Felipe tenía algo bueno en Samaria (8:4-8); podría haberse quedado en su casa y disfrutado de la comunidad de la cual ya formaba parte. El etíope podría *no* haber ido a Jerusalén a adorar a Dios; seguramente no faltaban propuestas religiosas en África en esa época.

De manera similar, Felipe podría haber *no* superado la ansiedad social que probablemente acompañó este encuentro. El etíope no solo era de una raza distinta a la de Felipe, un obstáculo lo suficientemente significativo en cualquier momento de la historia, sino que también tenía una condición social superior a la suya. Lucas nos dice que era «funcionario de Candace reina de los etíopes» (v. 27). Felipe era un judío común y corriente que vivía en Judea, un plebeyo; seguramente no era fácil acercarse a alguien de la condición superior del etíope.

Podríamos imaginarnos una dificultad similar al acercarnos a algún famoso o a un político importante si lo viéramos en público. Hay cierta resistencia natural y un temor que la acompaña. No queremos molestar a las personas «importantes» ni tampoco ofenderlas o provocarles a ira.

El Espíritu Santo envió a Felipe a pesar de todas estas cosas y lo invitó a superar varias capas de temor y resistencia. Su guía iba en contra de cualquier expectativa de sentido común, lo que nos recuerda que el reino de Dios avanza de maneras sorprendentes y contrarias a la lógica.

¿De qué maneras te ha sorprendido la manera en que Dios los ha guiado a ti, a tu iglesia o a tus amigos para estar en misión?

¿Cómo podemos cultivar un corazón dispuesto a responder en obediencia a la guía del Espíritu, sin importar cuáles sean los riesgos?

Estudio personal 2

El pueblo de Dios es fiel y muestra a Jesús a través de la Escritura.

Lee Hechos 8:30-35.

Felipe se acercó al carro y escuchó que el etíope estaba leyendo la Escritura. Así, descubrió que Dios ya había preparado el terreno para ese encuentro. El etíope respondió de inmediato a Felipe, invitándolo a subir al carro para que le explicara la Escritura. No solo eso, sino que *justo* estaba leyendo un pasaje del libro de Isaías, el cual claramente trata de la muerte sacrificial de Jesús. Toda la conversación estaba preparada para que Felipe guiara a este hombre a Jesús.

Felipe no era un erudito bíblico ni un maestro de la ley; era un hombre común y corriente. Pero, como estaba lleno del Espíritu y debido a lo que había visto y experimentado en su propia vida de fe, respondió con confianza y claridad.

La Biblia puede ser un libro intimidante para creyentes y no creyentes por igual. Para muchos lectores, es una colección vertiginosa de géneros, idiomas, nombres, fechas y ubicaciones geográficas. Suele ser difícil trazar las conexiones entre las distintas secciones de la Biblia (la Ley, los Profetas, los Evangelios, las Epístolas) y, a menudo, estas se relacionan de maneras que dependen de la poesía, la metáfora y la profecía. Para personas sin ningún trasfondo bíblico, puede ser abrumador.

Para empeorar las cosas, nunca falta algún charlatán o impostor que use la Biblia para sus propios propósitos egoístas. Se la ha usado para justificar el reinado de déspotas, sostener la institución de la esclavitud y llenar los bolsillos de innumerables criminales disfrazados de pastores y evangelistas. Entonces, no es de extrañar que, cuando Felipe llegó junto al carro, el etíope se lamentara: «¿Y cómo podré [entender], si alguno no me enseñare?».

En el breve pasaje que sigue, se nos da todo lo que necesitamos para saber si un maestro de la Biblia es confiable o no. En realidad, es la prueba determinante más sencilla del mundo. Leyeron un pasaje de Isaías, y el etíope invitó a Felipe a explicarlo, preguntando de quién se trataba. Entonces, Felipe «comenzando desde esta escritura, le anunció el evangelio de Jesús».

Los maestros bíblicos que son fieles a su tarea y su texto siempre terminarán hablando de Jesús. Toda la historia de la Biblia, de principio a fin, señala a Él. La historia de Israel y todo el Antiguo Testamento anticipan a Jesús. Lo vemos en cómo anhelaban un rey, aunque ninguno de sus reyes vivió a la altura de la gloria a la cual aspiraban. Lo vemos en las exigencias extremas de la ley, las cuales ningún hombre puede cumplir. Lo vemos en los innumerables lamentos de los Salmos y los Profetas, donde el caos del mundo se pone en evidencia y las personas claman: «¿Hasta cuándo, Jehová?».

Jesús personifica todo lo que el Antiguo Testamento anhela y a lo cual apunta. Incluso la historia más amplia del Antiguo Testamento (el exilio del jardín del Edén, el anhelo de la tierra prometida, el exilio (una vez más) a manos de los babilonios) señala a Jesús como el Rey conquistador que vence a Satanás, el pecado y la muerte, y nos lleva de regreso a Dios.

Cuando confiamos en Jesús, Su Palabra y Su Espíritu habitan en nosotros, y podemos ver las maneras en que la Biblia da testimonio de Él. Sin esa fe, nos costará hacer las conexiones. La fe de Felipe era su acreditación más importante como maestro bíblico. Su fe le permitía y lo disponía a seguir la guía del Espíritu cuando era enviado aquí y allá, y era lo que lo capacitaba para escuchar la Palabra de Dios y ver allí a Jesús.

¿Crees que es posible contar la buena noticia de Jesús desde cualquier parte de la Escritura? ¿Por qué o por qué no?

¿Cuáles son algunas razones por las que puede ser intimidante explicarle la Escritura a un incrédulo?

Estudio personal 3

El pueblo de Dios tiene razón en alentar a la fe en Cristo.

Lee Hechos 8:36-40.

Al funcionario etíope lo conmovió la historia que Felipe le contó y estaba ansioso por responder. Aquí podemos ver todos los elementos de la verdadera conversión. El etíope estaba ansioso por creer; no se sentía obligado. Y, sin duda, no se sintió presionado a convertirse. Felipe había explicado cómo el pasaje de la Escritura que estaba leyendo señalaba a Jesús, cuya muerte y resurrección nos reconcilian con Dios. Al parecer, también explicó lo suficiente como para que el etíope deseara identificarse con Jesús a través del bautismo.

«¿Qué impide que yo sea bautizado?», le preguntó. Esa pregunta era crucial. Algunos tal vez habrían ofrecido una variedad de razones para no bautizarlo: era un etíope, en lugar de judío; era un eunuco y era extranjero. Sencillamente, había creído. Pero, por supuesto, Felipe, lleno del Espíritu Santo, no tomó en cuenta ninguno de estos impedimentos. El etíope creyó lo que había escuchado sobre Jesús, que es el Cordero de Dios que quita el pecado del mundo, y así, Felipe lo bautizó sin demora.

La evangelización y la conversión son así de simples. Sin embargo, podemos comunicar «solo los hechos», sin pedirles a las personas que los interpreten y respondan. Pero el objetivo de la evangelización no es tan solo compartir lo que sabemos con las personas; es invitarlas a unirse a nosotros y seguir a Jesús. La esperanza de un evangelista es ayudar a alguien a ver a Jesús como Señor y a entender que Su vida, Su muerte y Su resurrección quitan los pecados del mundo y nos llevan a casa con Dios el Padre. En la breve conversación de Felipe con el etíope, sucedió este milagro. Vio a Jesús como Señor y estaba listo para seguirlo a las aguas del bautismo.

Cuando esta historia concluye, vemos que los dos se separaron de manera más abrupta incluso que como se reunieron. Aquí vemos que algo sobrenatural arrebató a Felipe. Es como si el Espíritu lo hubiera llevado y depositado en Azoto. El etíope, lleno del gozo de ser un nuevo cristiano y lleno del Espíritu Santo, siguió su camino de regreso a casa, donde uno puede imaginar que el Espíritu continuó Su obra, y la historia de Jesús se esparció y echó raíces en África.

No obstante, en el próximo tramo del viaje, Felipe continuó su ministerio de expandir el reino entre los gentiles. Azoto, el lugar donde apareció de repente, se encontraba a 30 millas (48 km) de distancia y no era un enclave judío. La expansión del reino al mundo no judío había comenzado oficialmente.

Siempre es tentador aferrarse a los momentos espiritualmente ricos y llenos de gozo. En Mateo 17, cuando Jesús permitió que Pedro, Jacobo y Juan presenciaran Su transfiguración y la aparición de Moisés y Elías, vemos esta tentación. Pedro se ofreció a construir enramadas para ellos, como si dijera: «Quedémonos aquí y sigamos disfrutando de esto». Sin embargo, casi tan pronto como lo dijo, el momento terminó: la apariencia física de Jesús volvió a la normalidad y Moisés y Elías desaparecieron.

Es una metáfora perfecta para lo que todos experimentamos en momentos similares. Tenemos ansias de hacer durar los buenos momentos, de quedarnos en el lugar, de demorarnos para al disfrutar de lo que Dios ha hecho. A veces, lo sentimos al final de un retiro o en medio de una hermosa experiencia de adoración, o nos encontramos mirando atrás con nostalgia momentos como estos en el pasado.

La Biblia nos muestra que estos momentos, por más enriquecedores que sean, son temporales. No tenemos que «quedarnos» en el pasado, ni siquiera en el presente, sino seguir avanzando. En el caso de Felipe, el ministerio en Samaria estaba prosperando, pero el Señor lo llamó a ir a encontrarse con el etíope. Después fue llevado a Azoto y, de allí, viajó a Cesarea. Pero, todo el tiempo, estaba haciendo la obra de un evangelista, llamando a las personas a creer en la buena noticia de Jesucristo.

¿Cómo cumplen los detalles de esta historia la Gran Comisión de Jesús para Sus discípulos (Mat. 28:18-20)?

¿Por qué es vital llamar a una respuesta cuando se predica el evangelio de Jesucristo?

La salvación de Saulo

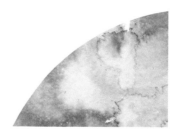

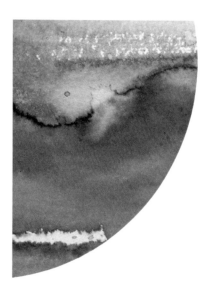

Introducción al estudio

Tal como hizo cuando José fue vendido como esclavo en Egipto, Dios tomó la muerte de Esteban, algo que otros habían hecho con malicia, y la usó para bien. Aunque los funcionarios judíos mataron a Esteban para desatar pánico en medio del incipiente movimiento cristiano y destruirlo, su violencia esparció a la iglesia y empujó el mensaje cristiano fuera de Jerusalén y hacia otras áreas. Sin saberlo, contribuyeron con el plan redentor de Dios de bendecir a toda nación con el evangelio.

 ¿Cómo podría cambiar nuestra perspectiva del sufrimiento cuando consideramos el plan más amplio de redención de Dios?

El evangelio estaba avanzando, pero la persecución continuaba. Uno de los principales responsables de esa persecución era un joven fariseo llamado Saulo. Empeñado en destruir lo que él consideraba una blasfemia para la religión que amaba, Saulo era incansable en sus esfuerzos por perseguir y aprisionar a los cristianos. Pero, una vez más, aquí vemos la obra inesperada de Dios y Su gracia inmerecida. Saulo tenía una función muy importante que cumplir en la historia redentora de Dios que estaba en marcha.

¿A qué personas o grupos de personas podríamos considerar como fuera del alcance de la gracia salvadora de Dios?

Marco contextual

La primera vez que la Biblia nos presenta a **Saulo es en la lapidación de Esteban**. Durante el primer martirio cristiano, si no fue un participante activo, Saulo fue, al menos, un espectador complacido. Era un ciudadano romano, nacido en Tarso de Cilicia. Pero, según su propio testimonio, lo criaron con las costumbres idealistas judías. Sus padres eran fariseos, partidarios estrictos de la ley. Al haber sido criado en este ambiente, Saulo era un religioso acérrimo y se adhería y adhería a los demás a las normas más altas de la ley. Como **judío estricto**, Saulo se negaba a asociarse con cualquier cosa impura, en especial, con los gentiles.

 ¿Cómo correspondería la negativa de Saulo de asociarse con los gentiles, con la ley de Dios? ¿Y con el corazón de Dios?

Cuando era joven, Saulo vivió en Jerusalén y aprendió con un respetado rabino llamado Gamaliel. La educación de Saulo habría incluido años de estudio de historia judía, los Salmos y los escritos de los profetas.

Como fariseo, Saulo consideraba el cristianismo una blasfemia. En su mente, la idea de que Dios se hiciera hombre era una afrenta a la santidad de Jehová. Tan severa era esta ofensa que Saulo creyó que debía castigarse con la muerte, tal como sucedió con Esteban, así que se propuso como misión de vida erradicar a los cristianos. Pero Dios tenía un futuro diferente planeado para Saulo, en el cual este usaría su nombre griego. «**La vida de Pablo**» (pág. 47) proporciona un resumen de ese futuro.

¿Qué nos enseñan las historias de salvación (las cuales son todas milagrosas) sobre el corazón de Dios y el poder del evangelio?

✝ Conexión con CRISTO

La conversión y el llamado de Saulo son una demostración del poder de Dios para salvar. A través de un encuentro con el Jesús crucificado y resucitado, este perseguidor endurecido del pueblo de Dios empezó su travesía para transformarse en el misionero más grande que el mundo ha conocido jamás. Tan solo el evangelio puede transformar a un oponente público de Cristo en un testigo ferviente de Su salvación.

La vida de **Pablo**

EL FARISEO

- Un judío nacido en Tarso, pero formado en Jerusalén por Gamaliel; celoso de Dios (Hech. 22:3).
- Estuvo de acuerdo con la lapidación de Esteban y persiguió a la iglesia; viajó a Damasco a arrestar a creyentes y llevarlos a Jerusalén (7:58; 8:1,3; 9:1-2; 22:4-5).

EL CRISTIANO

- Se encuentra con Jesús camino a Damasco y queda ciego; tres días más tarde, Ananías lo sana y él recupera la vista, es lleno del Espíritu Santo y se bautiza (9:3-18).
- Proclama a Jesús en las sinagogas de Damasco, y más adelante en Jerusalén (9:20-30).
- Bernabé lo encuentra en Tarso; lo lleva a Antioquía para ayudar a enseñar a los discípulos (11:25-26).

EL MISIONERO

- Saulo y Bernabé son separados por el Espíritu para el llamado misionero (13:1-3).
- PRIMER VIAJE MISIONERO (13:4–14:28).
- Saulo es enviado con Bernabé al concilio de Jerusalén, donde debaten y afirman la salvación por fe de los gentiles (15:1-35).
- SEGUNDO VIAJE MISIONERO (15:36–18:22).
- TERCER VIAJE MISIONERO (18:23–21:19).
- Es arrestado en Jerusalén; defiende su fe ante reyes y gobernantes; apela al César y es enviado a Roma, donde proclama a Jesús mientras está bajo arresto domiciliario (21:26–28:31).
- Según la tradición, fue liberado del arresto domiciliario, pero lo arrestaron una segunda vez y lo apresaron en Roma, donde más tarde lo decapitaron.

Discusión en grupo

 Mira el video para esta sesión y continúa con el debate grupal utilizando la guía siguiente.

En tu opinión, ¿cuál es la mayor moraleja cuando piensas en la conversión de Saulo?

¿De qué maneras debería el encuentro de Saulo con Jesús animarnos a compartir nuestra propia fe?

Como grupo, lean Hechos 9:3-9.

 ¿Qué habrá querido enseñarle Jesús a Saulo a través de la ceguera?

Dado su trasfondo, ¿en que puede haber estado pensando Saulo durante esos tres días de ceguera y ayuno?

Jesús no le preguntó a Pablo por qué perseguía a la iglesia, sino a Él personalmente. Esto no se debe a que no le importe la iglesia; en cambio, Cristo se identifica de tal manera con Sus seguidores que atacarlos es lo mismo que atacarlo a Él. Jesús se reveló a Saulo y le dio instrucciones que Saulo siguió de inmediato. El ayuno y la ceguera de Saulo no fueron un castigo, sino una respuesta adecuada a la intensidad de su encuentro con Jesús. Tal como estaba ciego espiritualmente, quedó ciego físicamente. Sin embargo, Dios le quitaría ambas formas de ceguera.

Como grupo, lean Hechos 9:10-16.

¿Cómo crees que se habrá sentido Ananías cuando el Señor le instruyó que cuidara a Saulo?

 ¿Qué revela el plan de Dios para Saulo sobre Su poder y Sus propósitos?

La respuesta de Ananías, «Heme aquí, Señor», reveló un corazón ansioso por agradar al Señor y obedecerle. Aunque la mayoría de los cristianos habrían mirado a Pablo con un temor y una inquietud justificados, Dios quería que Ananías viera un «instrumento escogido» que Él usaría para llevar el evangelio al mundo conocido. No debemos descartar a nadie, incluso a las personas hostiles a la fe, porque el poder de Dios en el evangelio puede derretir el corazón más duro.

Como grupo, lean Hechos 9:17-20.

 ¿Qué hay de significativo en la manera en que Ananías se dirigió a Saulo?

¿Qué revela la respuesta de Ananías a la guía de Dios sobre su fe?

¿Qué te llama la atención de lo que Saulo hizo poco después de bautizarse?

Dios podría haber sanado a Saulo sin la interacción personal con otro creyente, pero nunca quiso que la gente viva para Él lejos de la comunión de la iglesia. Cuando Ananías se dirigió a Saulo como un hermano, afirmó su nueva relación con la iglesia. Ya no era un perseguidor de la fe; ahora era parte de la familia de la fe. Después de bautizarse, Saulo empezó a proclamar a Aquel al que había despreciado. Aunque quizás Saulo no sabía todo sobre seguir a Cristo, sabía lo suficiente como para empezar a predicar el evangelio a los que lo rodeaban.

✝ Aplicación MISIONERA

En este espacio, registra al menos una manera en que puedes aplicar la verdad de la Escritura como alguien cuyo corazón endurecido fue cambiado por Jesús.

Estudio personal 1

Saulo es confrontado por el Salvador.

Lee Hechos 9:3-9.

Saulo estaba profundamente perturbado. Un nuevo grupo de seguidores blasfemos de un rabino rebelde llamado Jesús estaba afirmando que Él había resucitado de los muertos. Era ridículo, pero el movimiento estaba creciendo. Alguien tenía que detener esta habladuría sobre Jesús como el Hijo de Dios resucitado. Entonces, Saulo salió con sus colegas en una caza para encontrar, perseguir y erradicar a todos los seguidores de Jesús de Nazaret.

La muerte de Esteban había llevado a todos los que amaban a Cristo a un duelo profundo y los había esparcido por la región (Hech. 8:1-2). Para los que huían de Jerusalén, Damasco era una de las ciudades grandes más cercanas, a tan solo unos días de viaje. Cuando los discípulos de Jesús se esparcieron, Saulo puso la mirada en la ciudad cercana como un posible destino para muchos de ellos. Viendo la oportunidad de continuar su campaña para erradicar a la iglesia, la furia de Saulo pasó de Jerusalén a Damasco.

A medida que se acercaba a Damasco, lo más probable es que fuera considerando cómo capturaría y eliminaría a los que seguían a Cristo en la ciudad. Sin embargo, no capturaría a nadie ese día; en cambio, él sería capturado. Su captura empezó en la forma de una luz brillante y una pregunta.

«Saulo, Saulo, ¿por qué me persigues?». La pregunta confundió a Saulo. No reconoció la voz como proveniente de Jesús porque no lo conocía. Sin embargo, Saulo sabía que se trataba de un mensajero divino a quien debía escuchar con reverencia. Pero ¿por qué un mensajero angelical del único Dios verdadero lo confrontaría sobre su esfuerzo justo de librarse de las personas que blasfemaban sobre Dios? Saulo no estaba persiguiendo a Dios… ¡Estaba intentando servirlo! El fariseo no podía responder la desconcertante pregunta del mensajero divino, así que respondió con una pregunta propia: «¿Quién eres, Señor?».

Jesús se identificó como Aquel que Saulo perseguía porque estaba persiguiendo a Sus seguidores. Lo que Saulo les hacía a los discípulos, en realidad, se lo estaba haciendo a Cristo mismo. En ese momento, la humillación y la humildad empezaron a aparecer. El mundo tal como Saulo lo conocía estaba a punto de cambiar, y el mundo como lo conocemos ahora estaba a punto de empezar a formarse. Las órdenes de misión del sumo sacerdote para Saulo estaban a punto de ser usurpadas por órdenes del Gran Sumo Sacerdote: «Levántate y entra en la ciudad, y se te dirá lo que debes hacer». Parece sencillo, pero era más fácil decirlo que hacerlo.

Lucas describió a Saulo de la siguiente manera: «… abriendo los ojos, no veía a nadie»; una clara referencia a las enseñanzas de Jesús cuando llamó a los líderes religiosos judíos «guías ciegos» en Mateo 23.

Si toda tu vida has estado «versado en la iglesia», ten cuidado. Es fácil convencerse de que las perspectivas religiosas de uno son las mismas que las de Cristo cuando, en realidad, son opuestas a Sus propósitos justos. Jesús no nos confronta para que produzcamos una obediencia superficial y religiosa. En eso se especializaba Saulo antes de su confrontación. En cambio, Jesús nos confronta para mostrarnos quién es y para transformar nuestros corazones, lo cual lleva a una obediencia amorosa y genuina. El encuentro de Jesús con Saulo muestra que Él puede ablandar el corazón más duro de personas egocéntricas.

Dios usó una confrontación única con Saulo para llamarle la atención. ¿De qué maneras ves a Jesús confrontando a las personas hoy?

¿Cuáles son algunas formas en las que podemos estar ciegos y confundir la obediencia religiosa con lo que verdaderamente agrada a Dios?

Estudio personal 2

Saulo es llamado para una misión.

Lee Hechos 9:10-16.

Un tema constante en la Escritura son las decisiones sorprendentes que Dios toma. Cuando eligió a alguien para transformarlo en una gran nación, escogió a Abraham, un hombre cuya mujer era estéril. Después, cuando Dios siguió Su pacto a través de los descendientes de Abraham, escogió hacerlo a través del hermano menor, Jacob, en lugar del mayor, Esaú. Más adelante, cuando Dios escogió a un nuevo rey para la nación de Israel, designó a David, el cual no se parecía a un rey ni tenía el linaje correcto. Y, cuando Dios decidió enviar a Su Hijo a nacer como un bebé, eligió que Su nacimiento sucediera en un establo y que unos pastorcillos fueran los primeros testigos de la llegada del Salvador. Dios obra de maneras sorprendentes a través de personas sorprendentes.

Por eso, tal vez no debería sorprendernos que Dios vuelva a tomar una decisión sorprendente respecto a la persona a la cual enviaría a llevar el evangelio a los gentiles. Escogió a Saulo, la última persona que cualquiera hubiera esperado. Nadie podría haber anticipado que Saulo, el ardiente perseguidor de la iglesia, se transformaría en uno de sus más grandes defensores y heraldos. Esto incluía a un hombre llamado Ananías.

Por un momento, ponte en la posición de Ananías. Sin duda, fue emocionante escuchar la voz del Señor y estaba ansioso por obedecer. Observa la diferencia en la manera en que Saulo y Ananías respondieron al Señor. Saulo quiso saber quién era; Ananías preguntó cómo podía servirlo. «Heme aquí, Señor», declaró Ananías, inconsciente del gran riesgo que Dios estaba a punto de pedirle que tomara. Sin embargo, las instrucciones fueron claras. Ananías debía ir hasta la calle Derecha a la casa de un tal Judas a darle a Saulo las órdenes de misión de parte de Jesús.

Saulo… el perseguidor, encarcelador y asesino de personas como Ananías. Jesús dijo que él lo estaría esperando. Ananías empezó a procesar esta desconcertante instrucción de Dios. Él y sus coseguidores de Cristo habían escuchado sobre Saulo y nadie planeaba juntarse a desayunar con él en lo inmediato.

En esencia, lo que Ananías respondió fue: «Tal vez tienes el hombre equivocado y la dirección equivocada, Señor». Pero Ananías no estaba intentando cuestionar la autoridad de Jesús; quería entender por qué Jesús lo llamaría a meterse en la boca del lobo. Era difícil de entender. Sin embargo, Jesús fue inflexible: «Ve». Ananías debía dar un paso de fe y servir al hombre que había venido a su ciudad a matarlo.

No obstante, las instrucciones de Dios no vinieron sin explicación. Dios le garantizó a Ananías que Saulo tenía una función muy importante que cumplir en la historia redentora de Dios. Este hombre (responsable del reinado de terror que asediaba la iglesia) experimentaría una transformación tan radical que sería un instrumento del evangelio. Antes, había esparcido terror; ahora, proclamaría el perdón. Había sido un defensor de la ley; ahora, predicaría sobre la gracia. Había creído que los gentiles eran impuros; ahora, les daría la bienvenida al reino. Y había infligido sufrimiento debido a Cristo; ahora, sufriría por causa de Él. Saulo debía ser enviado en misión, y era una misión que jamás hubiera esperado.

Por lo tanto, Ananías obedeció y abrió su corazón a un hombre que tendría que haber sido su enemigo, pero que ahora era su hermano. Y, al mismo tiempo, los ojos de Saulo fueron abiertos al evangelio de Jesús, fue lleno del Espíritu Santo y se bautizó como señal de ser un verdadero discípulo de Jesús. El perseguidor de Cristo era ahora un seguidor de Cristo. Saulo, al igual que Ananías, ahora era llamado a dar un paso de fe y predicar el evangelio, incluso cuando todo volviera al punto de partida y él fuera perseguido por su fe (Hech. 9:16). Todos deberíamos dar gracias por la obediencia de Ananías, el residente de Damasco a quien Dios usó para alentar al hombre que se transformaría quizás en el misionero y teólogo más grande de la iglesia.

Solemos pensar que Dios nos envía a predicar el evangelio a los no creyentes. ¿Cómo nos envía también a otros creyentes?

¿Cómo han acudido a ti otros creyentes, como hizo Ananías con Saulo?

Estudio personal 3

Saulo se une a otros creyentes.

Lee Hechos 9:17-20.

Hay una palabra que seguramente fue de suma importancia para Saulo. Allí se encontraba, ciego físicamente y empezando a entender el alcance de su ceguera espiritual. Entonces, alguien llamó a la puerta de la pequeña habitación donde había estado sentado durante tres días sin comer ni beber. Y allí fue donde escuchó esa palabra: «hermano».

¡Qué dulce debe haber sonado esa palabra a oídos del hombre ciego! Cómo debe haberlo animado escucharla. Esta palabra vino seguida de una explicación de que la persona detrás de la voz que había escuchado venía de parte de Jesús, Aquel que se le había aparecido a Saulo en el camino, para que recobrara la vista y fuera lleno del Espíritu Santo. No hubo ningún «te lo dije» ni un tono de arrogancia que acompañaran sus palabras. Lo que Saulo escuchó no fue una palabra de juicio. En cambio, fue una palabra de gracia. Jesús había enviado a alguien a hablar verdad en medio de la confusión en la que se había transformado la vida de Saulo.

Esta interacción fue la plataforma de lanzamiento que Saulo necesitaba. Algo similar a escamas cayeron de sus ojos y recuperó la vista física, pero, más importante aún, estaba empezando a ver con una claridad vívida en el ámbito espiritual. Después, Saulo fue adonde había planeado ir originalmente (a las sinagogas), pero con un mensaje bien distinto: «Él es el Hijo de Dios». Imagina la sorpresa de los que conocían a Saulo, el celoso perseguidor de la iglesia, cuando lo escucharon proclamar aquello mismo por lo cual había aprobado la ejecución de Esteban.

Es más, imagina la sorpresa de los judíos que estaban empezando a creer que Jesús era el Mesías debido al mensaje de este predicador incipiente al cual el Señor acababa de confrontar. La predicación de Saulo sobre Jesús confundió a los judíos (Hech. 9:22); es decir, Saulo estaba tan convencido y tenía tal claridad que sus oyentes no sabían cómo refutar lo que decía.

Si seguimos leyendo Hechos, vemos que Saulo terminó por llegar a Jerusalén. Cuando llegó allí, se encontró con sospechas. Después de todo, era el mismo hombre que había estado acosando a la nueva iglesia. Pero aquí encontramos a otro cristiano dispuesto a dar un paso adelante y responder por el nuevo creyente. Esta vez, fue Bernabé, cuyo nombre significa «hijo de ánimo». Bernabé apoyó a Saulo, lo cual sirvió para animarlo en su misión.

En ambos casos, Dios usó la comunión de los cristianos para solidificar y perpetuar el llamado de Saulo. Lo mismo sucede hoy. A menudo, es a través de la iglesia que descubrimos cómo Dios nos ha dotado en forma única para proclamar y demostrar el evangelio, y es a través de la iglesia que encontramos el ánimo necesario para perseverar en ese llamado.

Aunque no todos somos llamados a ser Pablo, sí somos llamados a ser Ananías. Como parte de la comunidad de creyentes de Dios, todos debemos ofrecer apoyo y ánimo a los demás. Debemos estar mirando (y mirando con expectativa) en busca de dónde nos ha puesto la mano soberana de Dios. Tal vez nunca adquiramos la misma fama que Pablo, pero debemos apuntar al espíritu de Ananías. Al hacerlo, tenemos que abordar cada interacción, por más común o prosaica que parezca, con las mismas palabras que caracterizaron a este gran personaje de reparto en la biografía del apóstol: «Heme aquí, Señor».

¿Quién ha servido en el rol de Ananías o Bernabé contigo?

¿Cuáles son algunos obstáculos que encuentras al servir a otros como lo hicieron Ananías o Bernabé?

La recepción de la misión

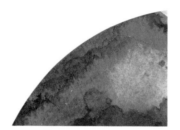

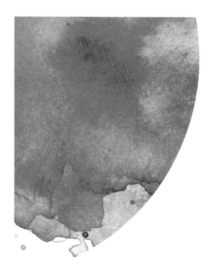

Introducción al estudio

Para Dios, no existen las causas perdidas. Durante un tiempo, Saulo fue el mayor oponente del cristianismo; pero, después de un encuentro con el Jesús crucificado y resucitado, se transformó en su mayor apologista y defensor. En un tiempo, apresaba a los cristianos, pero terminó en la cárcel por predicar él mismo a Cristo. Esto tan solo podía suceder por el poder del evangelio, el cual puede transformar el corazón más duro.

 ¿Por qué es importante para nosotros como cristianos reconocer que el evangelio puede transformar el corazón más duro?

Jesús les dijo a Sus discípulos que debían ser Sus testigos primero en Jerusalén y luego en Judea, en Samaria y en todo el mundo. Esta expansión empezó con discípulos como Felipe y continuó en la conversión de Saulo. Pero esto era apenas el principio. La iglesia del Nuevo Testamento pronto abrazaría su función como testigo y como agente de envío para completar la misión que Dios le había dado a través de Jesús.

¿Cuáles son algunas de las maneras en que los cristianos participan en la misión global de la iglesia?

Marco contextual

Dios dejó en claro que el evangelio no era un mensaje para los judíos solamente. Debía empezar con los judíos, pero no terminar allí… Tenía que llegar hasta los confines de la tierra. Más adelante, Dios le dijo a Ananías que **Saulo, también conocido como Pablo,** sería Su instrumento escogido para entregar el mensaje del evangelio no solo a los judíos, sino también a los gentiles. Jesús proporcionó salvación para todo el mundo; por lo tanto, el evangelio es un mensaje de esperanza que cruza toda barrera nacional, política, étnica y cultural.

> ¿Cómo hemos visto ya la obra, la salvación y la gloria de Dios alcanzar a las naciones en las páginas de la Escritura?

A medida que el libro de Hechos continúa, la iglesia crece en su entendimiento de esta verdad fundamental. **Pedro,** por ejemplo, recibió una visión de parte de Dios, seguida por una cita divina con un gentil llamado Cornelio. Pedro llegó a entender que debía proclamar la buena noticia del evangelio a cualquiera que escuchara.

Mientras tanto, el evangelio fue predicado por aquellos que habían sido esparcidos después del martirio de Esteban. **La iglesia de Antioquía** se transformó en la primera congregación multiétnica y pronto engendraría el primer gran movimiento misionero de la iglesia, representado por «**El primer viaje misionero de Pablo**» (pág. 59).

 ¿Cómo se compara el envío de Dios de misioneros a través de la iglesia con Su envío de profetas en el Antiguo Testamento?

✝ Conexión con CRISTO

Jesús les dijo a Sus discípulos que las puertas del infierno no prevalecerían contra Su iglesia, lo que nos recordó que el pueblo de Dios está «en posición de ofensa», continuando la misión que Jesús empezó. El plan de Dios es que los cristianos lleven la buena noticia poderosa de Jesús a lugares de profunda oscuridad espiritual, con plena confianza en que Jesús edificará Su iglesia.

El primer
viaje misionero de Pablo

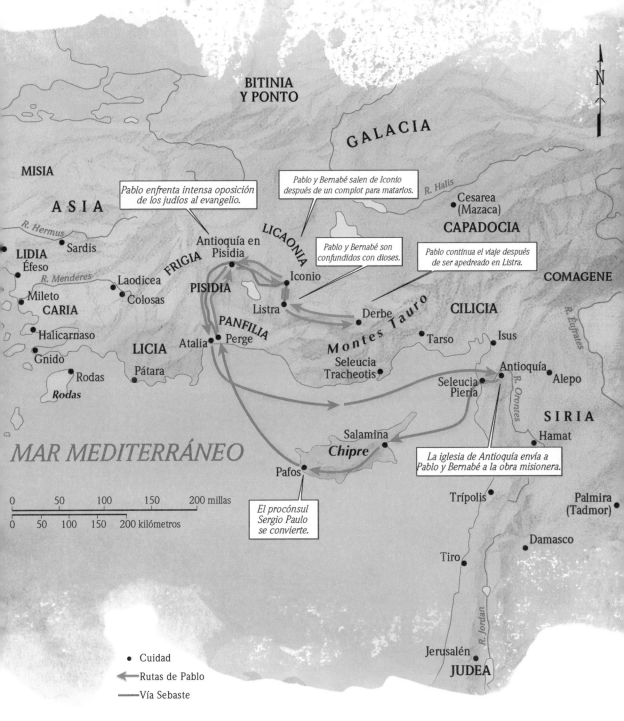

BITINIA Y PONTO

GALACIA

MISIA

ASIA

Pablo enfrenta intensa oposición de los judíos al evangelio.

Pablo y Bernabé salen de Iconio después de un complot para matarlos.

R. Halis

Cesarea (Mazaca)

CAPADOCIA

R. Hermus

Sardis

LIDIA
Éfeso

R. Menderes

Laodicea

Colosas

FRIGIA

Antioquía en Pisidia

PISIDIA

LICAONIA

Iconio

Pablo y Bernabé son confundidos con dioses.

Pablo continua el viaje después de ser apedreado en Listra.

COMAGENE

Mileto

CARIA

Listra

Derbe

Montes Tauro

CILICIA

R. Éufrates

Halicarnaso

PANFILIA

Atalia Perge

Tarso

Isus

Gnido

Rodas

LICIA

Pátara

Seleucia Tracheotis

Seleucia Pieria

Antioquía Alepo

R. Orontes

Rodas

Salamina

Chipre

La iglesia de Antioquía envía a Pablo y Bernabé a la obra misionera.

SIRIA

Hamat

MAR MEDITERRÁNEO

Pafos

El procónsul Sergio Paulo se convierte.

Trípolis

Palmira (Tadmor)

0   50   100   150   200 millas
0   50 100 150 200 kilómetros

Damasco

Tiro

Jerusalén

JUDEA

R. Jordan

• Cuidad

← Rutas de Pablo

— Vía Sebaste

Discusión en grupo

 Mira el video para esta sesión y continúa con el debate grupal utilizando la guía siguiente.

¿Cuál es el rol del Espíritu Santo en la iglesia y en los misioneros?

¿Por qué algunos creyentes judíos pueden haber sido reacios a predicarles el evangelio a los gentiles y aceptar a los creyentes gentiles?

Como grupo, lean Hechos 13:1-3.

* ¿Cómo describirías las prioridades de la iglesia de Antioquía según estos versículos?

¿Qué razones podría haber dado la iglesia para no enviar a Saulo y Bernabé?

¿Por qué crees que era importante que los misioneros tuvieran una iglesia como punto de partida?

La iglesia de Antioquía recibió una palabra del Señor; Él fue quien llamó a Saulo y a Bernabé para Su obra especial. Aunque quizás hayan tenido dudas de enviar a dos de sus líderes principales, la iglesia estaba decidida a llevar a cabo la misión de Dios y confió en Él con fe. La iglesia de Antioquía tenía un rol importante a la hora de comisionar y apoyar a estos dos misioneros a los cuales el Señor había llamado, los cuales inaugurarían una gran expansión de la iglesia.

Como grupo, lean Hechos 13:4-8.

* ¿Cómo describirías la filosofía ministerial de los misioneros según estos versículos?

¿Está bien esperar oposición cuando proclamamos el evangelio? ¿Por qué o por qué no?

Estableciendo así su método de evangelización, Saulo y Bernabé fueron a la sinagoga a proclamar el evangelio, pero no se detuvieron ahí. Estaban dispuestos a predicarle a cualquiera que quisiera escuchar. Sin embargo, no todos querían. El evangelio se encontró con algo de oposición. De manera similar, nosotros deberíamos estar preparados para la oposición, debido a la naturaleza exclusiva del mensaje del evangelio que proclamamos.

Como grupo, lean Hechos 13:9-12.

 ¿Qué propósito tiene el milagro del juicio en este pasaje?

¿Cómo concuerda esto con el propósito de los milagros en el ministerio de Jesús?

Estos misioneros tenían las mismas prioridades que su Señor. Su mayor objetivo era que el evangelio se predicara y se creyera. Como sucedió con Jesús, las señales milagrosas sirvieron para validar la verdad del mensaje del evangelio. Las personas verían el poder del evangelio, y le darían así credibilidad al mensaje que escuchaban.

✝ Aplicación MISIONERA

En este espacio, registra al menos una manera en que puedes aplicar la verdad de la Escritura como alguien que se ha beneficiado de los esfuerzos misioneros de los discípulos de Jesús.

Estudio personal 1

Dios levanta misioneros desde el interior de la iglesia.

Lee Hechos 13:1-3.

Después de la conversión de Saulo, registrada en Hechos 9, no se lo menciona durante varios capítulos, y Pedro toma el lugar central en el libro nuevamente. Después, Saulo resurge al final de Hechos 12, donde vuelve a Jerusalén junto con Bernabé y Juan Marcos. Los hombres habían estado en una misión de socorro, debido a la hambruna que se había esparcido por el imperio (Hech. 11:27-30).

De alguna manera, Saulo (más adelante, Pablo) y Bernabé terminaron en estrecha comunión con la iglesia de Antioquía. Allí, Dios llamó a estos dos hombres y los separó para Sus propósitos justos: el primer viaje misionero registrado en la Escritura. Este viaje misionero abarcaría ocho ciudades en varias regiones de la porción oriental del Imperio romano, donde estableció los cimientos para otros dos viajes misioneros subsiguientes y al final llevó a que Pablo predicara el evangelio en Roma.

La iglesia de Antioquía tenía una maravillosa diversidad, ya que había distintos grupos étnicos representados entre sus líderes. Luego de la lapidación de Esteban, la iglesia primitiva había llevado el evangelio de Jesús de Jerusalén a Judea y hasta Samaria, y estaba empezando a llegar hasta lo último de la tierra (Hech. 1:8). Los resultados ya podían verse, pero la obra acababa de empezar.

Mientras los líderes estaban adorando y ayunando, recibieron palabra del Espíritu Santo. Tal vez sea fácil pasar por alto la importante conexión entre practicar estas disciplinas espirituales y estar en sintonía con el Espíritu Santo, pero merece nuestra atención. Estos líderes y la iglesia que estaba con ellos estaban en la posición correcta para escuchar a Dios y responder en consecuencia cuando llegara el momento.

El Espíritu Santo instruyó a la iglesia que separara a Bernabé y a Saulo para la obra a la cual Dios los había llamado. Dios estaba separando a estos dos hombres de los ritmos normales de ser parte de la iglesia de Antioquía para algo más. Bernabé y Saulo dejarían su iglesia y sus vidas tal como las conocían para extender el evangelio a regiones no alcanzadas como misioneros.

Después de que los líderes ayunaron, oraron y les impusieron las manos a estos dos en reconocimiento y afirmación del llamado de Dios, los enviaron a su misión. La palabra utilizada aquí conlleva la idea de mucho más que un adiós informal. Este envío implicaba una separación más fuerte. La palabra también se puede traducir «divorcio». Implicaba ser arrancado de una familia formada por Cristo, pero, en el contexto de la misión de Dios, era un corte aprobado por Él.

Sin duda, esta división dolió. Nunca es fácil enviar a alguien. Fue tan cierto para la iglesia de Antioquía en ese entonces como lo es para nuestras iglesias hoy. Cuando las iglesias envían personas, pierden personas y recursos vitales para la obra en donde están. Enviar a alguien es duro, doloroso y arriesgado.

Pero no es más fácil ser el enviado. Ir con Dios a una tierra nueva y a menudo desconocida como misionero es difícil, en especial, por la familia que dejamos atrás, tanto biológica como espiritual.

Entonces, ¿para qué ir si el dolor es tan grande? Porque la buena noticia del evangelio en que creemos es más grande. El evangelio nos impulsa a ir y ayudar a otros a creer en él también. Nos llama a dar de beber al sediento, a alimentar al hambriento, a dar medicina el enfermo, amistad al prisionero, vestimenta al que sufre frío, seguridad al huérfano, ayuda a la viuda y esperanza a todos a través del mensaje del evangelio. Debemos hacer estas cosas por decencia humana, pero, más allá de eso, en el caso de los cristianos, somos impulsados a actuar de estas maneras por lo que Jesús hizo por nosotros.

¿Cómo apoyas a los misioneros enviados por tu iglesia local?

¿Cuáles son algunas razones comunes que las personas pueden ofrecer como justificación para no ir como misioneras?

Estudio personal 2

Dios guía a los misioneros a proclamar el evangelio.

Lee Hechos 13:4-8.

Los misioneros salieron, sostenidos por una iglesia que sin lugar a dudas siguió orando por ellos y por su misión. Saulo y Bernabé hicieron el viaje de 16 millas (25 km) hasta Seleucia y allí abordaron un barco para navegar a Chipre. Cuando llegaron, siguieron lo que se había transformado en su método característico de evangelización: llegar a una ciudad, empezar en la sinagoga y partir desde allí.

Era un plan sencillo. Pero la razón por la cual un plan como este podría ser tan sencillo y a la vez tan eficaz es que se apoyaba en la fe. Entonces, ¿qué creían Saulo y Bernabé para adoptar este camino de ministerio? En primer lugar, creían que el evangelio era para todas las personas. Al venir de Antioquía, habían visto cómo el poder del evangelio derribaba los muros que caracterizaban a la sociedad. Los judíos y los gentiles no se hablaban, mucho menos tenían comunión, pero ellos habían visto una congregación unida por la sangre de Jesús.

Además, creían que el Espíritu Santo prepararía el camino para el mensaje del evangelio que proclamarían. Saulo y Bernabé no predicarían sus opiniones ni filosofías; comunicarían el mensaje del evangelio. Eran testigos de la muerte y la resurrección de Jesús y, como este era su mensaje, tenían la seguridad de que aquello que compartían estaba en el centro de la voluntad de Dios.

Por último, creían en el poder del evangelio. Saulo era un testimonio vivo de este poder. Poco tiempo atrás, Saulo había estado del otro lado de la fe, haciendo que la misión de su vida fuera desarraigar y destruir el cristianismo. Sin embargo, aquí estaba en Chipre, entre todos los lugares, un exfariseo de fariseos ahora proclamando que Jesucristo era el Señor. El evangelio tiene el poder de transformar el corazón más duro, así que ellos podían proclamar este mensaje con gran confianza. Y eso fue exactamente lo que hicieron.

Entonces, Saulo y Bernabé atravesaron la isla declarando el mensaje a cualquiera que escuchara, hasta que se encontraron con un falso profeta. Este hombre era un asistente del procónsul romano, el cual quería escuchar sobre la palabra de Dios. Sin embargo, el mago Elimas no quería que esto sucediera; deseaba alejar al procónsul del mensaje del evangelio. Esto no debería sorprendernos.

Solo porque Dios nos guíe a predicar el evangelio, no deberíamos esperar que el camino esté libre de obstáculos. Esto se debe a que, por su misma naturaleza, el evangelio es divisivo. Piensa un momento en lo que las personas deben aceptar cuando escuchan el mensaje de Jesús.

Tienen que aceptar enterarse de que son pecadoras, que están muertas en sus propios pecados. Deben aceptar que no pueden hacer nada para cambiar su condición y que, en cambio, se encuentran a merced de Dios. Después, tienen que aceptar que Jesús las ama lo suficiente como para haber muerto en su lugar, aunque no lo merecían. Y deben aceptar que Jesús resucitó de los muertos, una locura para el mundo. Todas estas son verdades difíciles, pero son una proposición de todo o nada.

Esto nos trae de regreso al centro de lo que creemos. Muchas veces, nuestra ineficacia a la hora de predicar el evangelio no se trata tanto de nuestra preparación, sino que acusa una falta de confianza en el poder del mensaje que debemos proclamar. ¿Creemos realmente en la verdad del evangelio? Si así es, seremos testigos del poder de Dios a través de ese mensaje.

¿Cuándo has visto que el poder de Dios a través del evangelio cambie el corazón de una persona?

¿En qué sentido tu disposición de predicar el evangelio valida tu propia convicción en él?

Estudio personal 3

Dios les da a los misioneros poder para validar el evangelio.

Lee Hechos 13:9-12.

Los misioneros experimentaron resultados mixtos en su primera parada en Chipre. Por un lado, se encontraron con un importante funcionario romano ansioso por escuchar la Palabra de Dios. Por otro lado, también conocieron a un falso profeta que se sintió amenazado por el evangelio y se decidió a detenerlo.

Sin embargo, Saulo (también llamado Pablo) no se dejó intimidar. ¿Y por qué habría de hacerlo? Se trataba de un hombre espiritualmente ciego a la verdad de Dios, tal como Pablo lo había sido. Y Pablo sabía cómo terminaba eso. Entonces, lleno del Espíritu Santo, confrontó al hombre. El falso profeta se llamaba «Barjesús», que significa «hijo del Salvador». Pablo se valió del nombre y dijo la verdad. Este hombre no era ningún hijo del Salvador; era un hijo del diablo. Como tal, se enfrentaba al poder y a la voluntad de Dios. Sin embargo, estaba a punto de experimentar cuán poderoso es el único Dios verdadero.

Tal vez Pablo recordó su propia experiencia cuando pronunció el juicio del Señor sobre el falso profeta y el hombre quedó ciego. Mientras tanto, el procónsul romano escuchó la enseñanza, vio la señal y creyó.

Es importante que veamos cómo estas cosas funcionaban juntas porque, incluso hoy, hay quienes usan el nombre de Jesús por los supuestos beneficios que puede proporcionarles. Están los que prometen sanidades milagrosas, prosperidad financiera y un bienestar físico garantizado en el nombre de Jesús. Sin embargo, así no es como vemos la predicación y los milagros en este pasaje.

Pablo y Bernabé entendían que su misión principal estaba centrada en el mensaje del evangelio. Primero y principal, eran testigos de la vida, la muerte y la resurrección de Cristo. Si ese era su objetivo, entonces todo lo demás debía contribuir a eso. En otras palabras, no había milagros aislados ni señales al azar. Más bien, los milagros que ocurrían a través de estos misioneros servían al propósito más grande de validar el mensaje.

Lo mismo sucedía en el ministerio de Jesús. Jesús sanaba a muchos necesitados que se le acercaban. Sí, Él se preocupaba por estas personas. Tenía compasión por ellas. Sin embargo, las sanaba por otra razón: como un medio para un fin más grande de fe en Su identidad y Su mensaje.

Entonces, lo que encontramos aquí es un paradigma sobre cómo obran juntos el mensaje del evangelio y las acciones impulsadas por el evangelio. Es bueno y correcto que busquemos el bien común de la humanidad. Por supuesto, deberíamos dar de nuestros recursos y nuestras vidas para el propósito de suplir las necesidades del mundo que nos rodea. Los cristianos deberían marcar la pauta en cuestiones de justicia social y el bien común. Sin embargo, hacer estas cosas sirve al propósito superior de extender el evangelio. Esta es nuestra misión; este es nuestro objetivo.

Servimos a los necesitados, nos ocupamos de los que sufren y proveemos para aquellos a los que les falta, para que puedan llegar a conocer y entender el evangelio. Esto es lo que nos impulsa hacia delante. Y estos actos suelen ser los que validan el mensaje que los acompaña.

¿Por qué es esencial que entendamos la tarea principal de predicar el mensaje del evangelio?

¿Qué le pasa a nuestro testimonio si no mantenemos la proclama del evangelio en el centro de nuestra misión?

La clarificación del evangelio

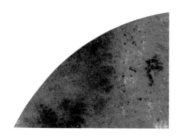
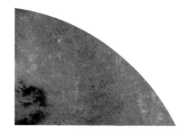
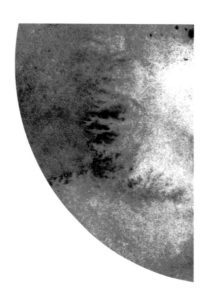
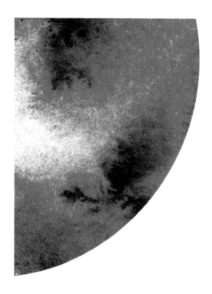

Introducción al estudio

La iglesia era joven, pero ya estaba cambiando. Lo que comenzó como una congregación fundamentalmente judía en Jerusalén estaba transformándose en un pueblo multiétnico y multinacional.

Es más, la iglesia estaba abrazando su misión no solo de reunirse, sino también de esparcirse. Las iglesias individuales, como Antioquía, se transformaron en puntos de envío de misioneros para que llevaran el mensaje del evangelio a los confines de la tierra.

 ¿Cómo deberíamos orar por la iglesia, a la luz de lo que hemos visto de la iglesia en Antioquía?

Misioneros como Bernabé y Pablo, junto con muchos otros, se estaban esparciendo por el mundo y llevando con ellos el mensaje del evangelio. Al haber cada vez más personas de diversos trasfondos que abrazaban el evangelio, la iglesia se encontraba en un momento crítico. La joven iglesia estaba creciendo y floreciendo, pero ese mismo crecimiento podía amenazar sus cimientos: el evangelio de Jesús. Los líderes de la iglesia debían definir los aspectos esenciales del mensaje del evangelio para protegerlo para siempre.

¿Por qué una rápida expansión puede haber generado la necesidad de que los líderes de la iglesia clarificaran la naturaleza del evangelio?

Marco contextual

Pablo y Bernabé habían sido enviados por la iglesia de Antioquía en su **primer viaje misionero**. A medida que viajaban, predicaban el evangelio, plantaban iglesias, designaban líderes y les encomendaban el cuidado de estas nuevas congregaciones. En general, fue un viaje sumamente exitoso. El evangelio estaba floreciendo entre los gentiles. Las iglesias habían empezado a funcionar. El reino se estaba expandiendo para incluir a personas de toda lengua, tribu y nación.

> ¿Cómo servirían las iglesias que plantaron Pablo y Bernabé de puestos de avanzada o embajadas del reino de Dios en tierras extranjeras?

Después de regresar a su base de operaciones en Antioquía, celebraron con la iglesia todo lo que Dios estaba haciendo entre los gentiles. Pero, al tiempo, fueron arrastrados a una disputa que se centraba en el rito judío de la **circuncisión**. Durante siglos, la circuncisión había sido la marca que identificaba al pueblo de Dios del resto de las naciones. Muchos judíos circuncisos se habían hecho cristianos, y algunos de estos hombres fueron a Antioquía a enseñar que los gentiles que se acercaban a la fe en Cristo debían circuncidarse para ser salvos.

Así, se desató una discusión seria respecto a la naturaleza del evangelio. Si miramos «**Un panorama general**» (pág. 71), el debate se trataba de los requisitos para la redención en Cristo. La iglesia había llegado a un momento crucial, el cual no solo clarificaría el evangelio, sino que también establecería el curso para la expansión del testimonio cristiano en el futuro.

 ¿Por qué era tan crucial este debate? ¿Qué estaba en juego para la iglesia formada tanto con judíos como con gentiles?

✝ Conexión con CRISTO

El concilio de Jerusalén se reunió para resolver una disputa en la iglesia primitiva: ¿la fe en Cristo era suficiente para la salvación y para ser incluido en la familia de Dios o hacía falta algo más? La respuesta de la iglesia primitiva afirmó la suficiencia de la fe en Jesús para la salvación. Debido a Su obra finalizada en la cruz, Jesús es lo único que necesitamos para ser salvos.

Un **panorama general**

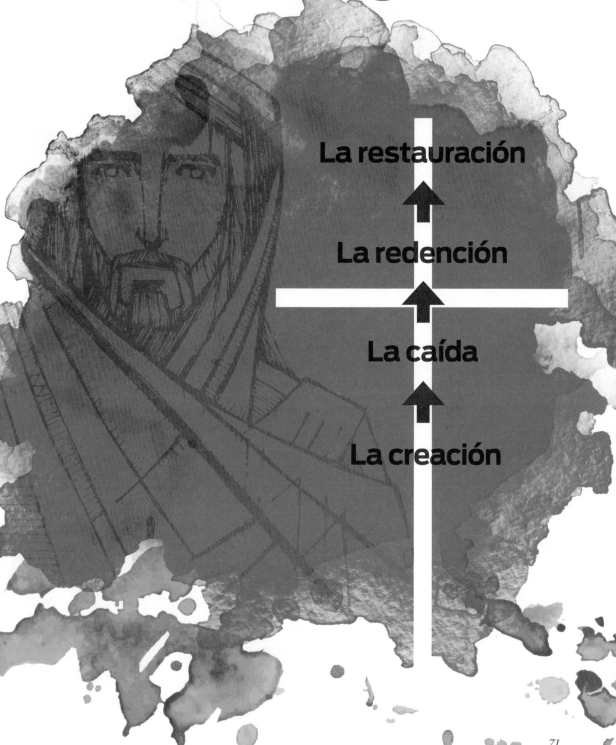

La restauración

La redención

La caída

La creación

Discusión en grupo

 Mira el video para esta sesión y continúa con el debate grupal utilizando la guía siguiente.

¿Por qué es tan peligroso añadirle algo al mensaje del evangelio, como estaban intentando hacer estos maestros judíos en Antioquía?

¿De qué maneras podemos garantizar que el evangelio que predicamos permanezca puro?

Como grupo, lean Hechos 15:1-5.

¿Cómo podría la gente en la iglesia de hoy imponer más regulaciones al mensaje del evangelio?

¿Por qué crees que Pablo disentía tanto con estos maestros?

 ¿Cuál era el centro del problema, si no se trataba del acto específico de la circuncisión?

La iglesia del primer siglo era un crisol de conversos. Tanto judíos como gentiles se habían transformado en seguidores de Jesús. Si bien los gentiles no compartían nada de historia cultural con los judíos ni conocían su historia espiritual como nación, los judíos querían que los conversos gentiles siguieran muchas de las leyes del Antiguo Testamento que habían estado establecidas por siglos para que Dios los aceptara. Sin embargo, ellos ya habían hallado aceptación en Cristo… No había que hacer nada más.

Como grupo, lean Hechos 15:6-18.

¿Cómo explicarías el argumento de Pedro?

¿Por qué el Espíritu Santo era una parte crítica de este debate?

El apóstol Pedro volvió la conversación al punto principal: la salvación tiene que ver con la gracia de Dios para con el pecador. Nadie se salva mediante buenas obras. Pedro le recordó a su audiencia que la evidencia iba en contra de la justificación por medio de las obras: su propio pueblo había intentado vivir según la ley durante siglos, pero había fracasado. Es más, Dios les había dado a los gentiles el don del Espíritu, el cual validaba su salvación por fe solamente.

Como grupo, lean Hechos 15:19-21.

 ¿Cuál es la trascendencia de la decisión del concilio a la luz de Hechos 1:8?

¿Cómo preparó el camino esta decisión para la futura expansión cristiana?

Jacobo, el líder de la iglesia de Jerusalén, habló en la reunión del concilio de Jerusalén. Él creía que añadirle requisitos a la ley de Moisés sería un estorbo para los nuevos creyentes gentiles. La evidencia era indisputable: Dios había vuelto Su atención y Su gracia a los gentiles por fe, tal como lo había hecho con los judíos. La decisión no solo clarificó el evangelio, sino que concordó completamente con las instrucciones de Jesús a la iglesia.

✝ Aplicación MISIONERA

En este espacio, registra al menos una manera en que puedes aplicar la verdad de la Escritura como un pecador salvado solo por gracia mediante la fe solo en Cristo.

Estudio personal 1

La disputa: «Solo Jesús» frente a «Jesús y...».

Lee Hechos 15:1-5.

Justo antes de esto, en Hechos 13–14, vemos cómo la iglesia primitiva había enviado a los misioneros Pablo y Bernabé a llevar el evangelio más allá de Jerusalén, como Jesús había instruido (Hech. 1:8). El viaje había sido difícil para los dos misioneros, pero muchos habían llegado a creer en Cristo, incluidos varios gentiles. La noticia sobre lo que Dios había hecho corrió, pero no les agradó a todos los que se enteraron en la iglesia. Mientras Pablo y Bernabé emprendían el viaje de regreso a Antioquía, empezaron los problemas.

La disputa comenzó cuando algunos hombres que evidentemente habían escuchado los informes de gentiles que se convertían a la fe en Cristo vinieron desde Judea hasta Antioquía. Los hombres no negaban la posibilidad de que los gentiles pudieran ser salvos; negaban que cualquiera pudiera salvarse sin obedecer la ley. Observa que, cuando llegaron los hombres, empezaron a enseñar que la circuncisión era necesaria para salvarse.

No se nos dice si estos hombres de Judea investigaron los informes de los gentiles que llegaban a la fe para verificar que fueran ciertos; al parecer, supusieron que no podían ser veraces debido a su lealtad inquebrantable hacia sus costumbres culturales y tradiciones religiosas. Una parte significativa de la identidad de estos hombres se basaba en su lealtad a la ley de Moisés (cómo debían consagrarse como pueblo de Dios, separados de las naciones que los rodeaban), y les costaba dejar esto atrás: *si la circuncisión había sido un aspecto crítico de la identidad del pueblo de Dios antes de Cristo, ¿por qué no lo sería ahora?*

Cuando Pablo y Bernabé escucharon lo que enseñaban estos hombres, los confrontaron y discutieron seriamente con ellos. El quid del debate podría resumirse en la pregunta de si Jesús solo es suficiente para la salvación o si hace falta algo más, cualquier cosa, como la circuncisión en este caso. Pablo y Bernabé se oponían a las enseñanzas de estos hombres por dos razones probables.

La razón principal se centraba en la parte fundamental del evangelio: la salvación por gracia sola por medio de la fe sola (Ef. 2:8-9). Los hombres de Judea estaban enseñando que la fe sola no alcanzaba para la salvación; en cambio, primero, una persona tenía que pertenecer a la comunidad de pacto de Dios, el pueblo de Israel, y para transformarse en parte de esa comunidad era necesaria la marca de la circuncisión. Pablo y Bernabé entendían que no hacía falta ser parte del pueblo adecuado para ser salvo, sino que cualquiera en cualquier parte puede ser salvo apenas confía en Jesucristo.

Exigir que un gentil se circuncidara primero implicaría que tenía que hacer algo para ganarse el derecho de ser salvo, pero nadie es digno de ser salvo. Nadie merece una invitación a relacionarse con el Dios vivo. La salvación es por gracia. La gracia la inició. La gracia la sostiene. La gracia la lleva a cabo. Los gentiles no tendrían por qué hacer algo para ganarse la salvación, ya que nadie más había hecho algo para merecerla.

Una segunda razón relacionada por la cual Pablo y Bernabé confrontaron a estos hombres de Judea puede tener que ver con sus corazones misioneros. La mayoría de los misioneros busca relacionarse con las personas en el lugar donde están, mientras las animan a considerar el evangelio. Exigir que los gentiles se circuncidaran sería una carga añadida y un obstáculo para el evangelio.

Cuando se hizo evidente que un tema tan importante no se podía resolver en Antioquía y que el debate tenía implicaciones más amplias para la iglesia, Pablo, Bernabé y algunos otros fueron enviados a Jerusalén para llevar el caso ante los ancianos y apóstoles allí. Cuando Pablo y Bernabé llegaron a Jerusalén, los líderes les dieron la bienvenida. Las palabras utilizadas dan a entender que también recibieron bien su afirmación de los gentiles. Sin embargo, una vez más, no todos se alegraron al escuchar cómo había llegado el evangelio a los gentiles. La iglesia primitiva se encontraba frente a la encrucijada de qué evangelio le predicaría al mundo.

¿Cuáles son algunas creencias y tradiciones a las cuales podemos aferrarnos que pueden obstaculizar el evangelio para los demás?

La iglesia primitiva tomó la iniciativa de lidiar con una posible amenaza a la unidad y la misión de la iglesia. ¿Qué lecciones podemos sacar de su ejemplo?

Estudio personal 2

El debate: la tradición frente a la Escritura y la experiencia.

Lee Hechos 15:6-18.

Los líderes de la iglesia se reunieron a considerar el problema en algo a lo cual se llamó concilio de Jerusalén. Resolver el tema en cuestión era de suma importancia, pero también lo era la manera en que la iglesia lo resolvería. ¿A qué apelaría la iglesia para responder a esta pregunta? ¿A la tradición o a la Palabra de Dios y a lo que habían visto a Dios hacer a su alrededor?

El tema se debatió durante un tiempo, y luego Pedro se levantó a dirigirse a los que estaban reunidos y ofreció una sólida defensa de la salvación de los gentiles por gracia solamente, sin la circuncisión. Pedro les recordó a los reunidos su experiencia con Cornelio y cómo Dios le había revelado al apóstol la necesidad de dejar de lado una mentalidad concentrada en la tradición y de reemplazarla con una centrada en el evangelio (Hech. 10–11). La circuncisión había sido una marca de la pureza y la separación del mundo para el pueblo de Dios, pero ahora, en Cristo, esa marca viene a través de la fe. En Cristo, la consagración y la pureza no llevan a la salvación, sino que fluyen de ella. Exigir la circuncisión para ser salvo socavaba este aspecto esencial del evangelio.

Después, Pedro apeló al don del Espíritu Santo de parte de Dios a los gentiles como evidencia de la conversión de ellos prescindiendo de la circuncisión. Dios les había dado a los creyentes gentiles el Espíritu Santo, tal como se los había dado a ellos. No se había hecho ninguna distinción según la circuncisión ni ningún otro factor; todos habían sido salvos por fe, y el regalo del Espíritu Santo confirmaba que Dios aceptaba esa fe.

Pedro terminó preguntando por qué algunos colocaban un yugo sobre el cuello de los cristianos gentiles que ni sus ancestros judíos ni ellos podían soportar. Habían apelado a la gracia de Dios para salvación, y los gentiles también podían hacerlo.

Para dar algo de contexto sobre la metáfora, el yugo era un implemento agrícola que se colocaba sobre dos bueyes. De él, se ataban correas para poder llevar adelante el pesadísimo arado. Jesús reprendió a los fariseos por el yugo pesado que le habían impuesto al pueblo con sus enseñanzas excesivas (Mat. 23:1-4). Pedro le estaba advirtiendo a la iglesia primitiva que no hiciera lo mismo. Añadir cualquier cosa a la fe para la salvación implicaba colocar un yugo pesado e insoportable sobre sus hombros.

Cuando Pedro terminó, toda la asamblea, que momentos antes había estado en pleno debate, quedó completamente en silencio. La sólida defensa de Pedro del evangelio había resonado entre los reunidos. Entonces, Pablo y Bernabé aprovecharon la oportunidad para hacer eco de Pedro y compartieron cómo habían visto a Dios obrar a través de ellos para que los gentiles se acercaran a la fe. Pablo y Bernabé contaron historia tras historia de cómo Dios había transformado muchísimas vidas de gentiles.

Después, le tocó el turno a Jacobo. Empezó afirmando el testimonio de Pedro, pero luego señaló a la asamblea de cristianos a mirar la Escritura. Jacobo citó Amós 9:11-12 para mostrar que lo que habían experimentado recientemente, con los gentiles que se acercaban a la fe, siempre había sido parte del plan de Dios. Él había anunciado a sus ancestros que todos (judíos y gentiles por igual) buscarían al Señor. El mensaje de salvación nunca había sido exclusivamente para los judíos.

Jacobo concluyó que, según lo que habían experimentado y lo que Dios les había revelado en la Escritura, la iglesia no debía ponerles impedimentos a los gentiles para acercarse a la fe en Cristo, como exigirles la circuncisión. Sin embargo, Jacobo también entendía que había ciertas maneras en las cuales los creyentes gentiles podían amenazar la unidad con los creyentes judíos y transformarse así en un obstáculo para que otros judíos creyeran en Cristo. Jacobo sugirió que la iglesia les escribiera a los creyentes gentiles y les dijera qué podían hacer para preservar la unidad de la iglesia.

¿Qué tradiciones has tenido que dejar de lado por el evangelio? ¿Cómo pudiste hacerlo?

¿Cuáles son algunos de los peligros de confiar solo en nuestras experiencias para validar lo que Dios está haciendo?

Estudio personal 3

La decisión: la libertad y el amor.

Lee Hechos 15:19-21.

El consejo de ancianos y apóstoles siguió el liderazgo de Jacobo y escribió una carta para que les entregaran a los creyentes gentiles en Antioquía. Se seleccionó a dos hombres para que acompañaran a Pablo y a Bernabé, para que nadie cuestionara la decisión del concilio.

La carta comenzó con una amonestación sobre los hombres que habían venido a presentar el tema de la circuncisión. El saludo dejó en claro que la iglesia estaba a favor de los creyentes gentiles y que los consideraban hermanos en Cristo.

Todos los líderes en Jerusalén estaban preocupados por el problema que esta situación les había causado a los creyentes gentiles y querían aclarar el asunto. Los líderes dejaron en claro que la decisión que habían tomado había venido a través de la sabiduría y la guía del Espíritu Santo, y que no había que colocar ninguna carga sobre los gentiles, con la excepción de cuatro requisitos.

Primero, los creyentes gentiles no debían comer alimentos ofrecidos a los ídolos. En el Imperio romano, era una práctica común que, una vez que se ofrecía alimento como sacrificio a los dioses, se preparaba y se compartía en el templo pagano, e incluso se vendía en el mercado público.

Segundo, los creyentes gentiles no debían comer alimentos que contuvieran sangre o que usaran la sangre como ingrediente. Algunos alimentos romanos y griegos utilizaban la sangre como un ingrediente, pero la ley levítica prohibía el consumo de sangre. Estos alimentos podían ofrecerse en una boda o un funeral, un festival de la ciudad e incluso en comidas comunitarias, pero los creyentes gentiles debían abstenerse de comerlos.

Tercero, los creyentes gentiles no debían comer nada que hubiese sido estrangulado. Los animales a los cuales se los estrangulaba en lugar de sacrificarlos con cuchillo retenían la sangre, y la gente podía terminar consumiéndola.

Cuarto, los creyentes gentiles debían abstenerse de toda inmoralidad sexual. La palabra griega que se usa aquí es la misma de la cual proviene el vocablo *pornografía* en español. A los gentiles se los conocía por sus prácticas sexuales libertinas y abiertas, tanto en las relaciones cotidianas como en la adoración pagana. Probablemente, los líderes de la iglesia supusieron que los creyentes gentiles sabrían que debían abstenerse de la fornicación sexual como parte de las prácticas de adoración. Sin embargo, quizás no entendieran este tema con la misma claridad en el área más amplia de la pureza sexual. Los encuentros sexuales implicaban la intimidad más profunda y debían practicarse solo dentro de la relación matrimonial comprometida.

Esto plantea una pregunta interesante: «¿Por qué se señalaron estas cuatro prácticas?».

Jacobo y los demás líderes estaban preocupados por que los creyentes gentiles llevaran demasiado lejos su libertad personal en Cristo y vivieran de manera tal que fueran una piedra de tropiezo para las convicciones de sus hermanos judíos. Estas cuatro prácticas aparecen abordadas en Levítico 17–18, donde se prohibían tanto para judíos como gentiles que vivían entre el pueblo de Dios. Por eso, probablemente Jacobo mencionó en el versículo 21 que la ley de Moisés se leía todas las semanas en cada sinagoga. Estas cuatro prohibiciones no tendrían que haber sorprendido a los gentiles y eran de profunda importancia para los creyentes judíos. Si los creyentes gentiles se abstenían de estas cuatro prácticas, se protegerían de ser una carga para los creyentes judíos, garantizarían una comunión saludable entre los seguidores de Cristo judíos y gentiles, y no pondrían una carga sobre los judíos que pusieran su fe en Cristo.

Hay libertad en el evangelio de Jesucristo, pero esa libertad no nos habilita para hacer cualquier cosa que queramos. La libertad en Cristo nos lleva de regreso al amor y la bondad de Dios para con nosotros, y nos impulsa a extender amor y bondad a los demás. La libertad y el amor van de la mano.

¿Cuáles son algunas prácticas culturales de hoy que se oponen al evangelio y que quizás tengamos que clarificar con los nuevos creyentes?

¿Qué libertades has dejado de lado, o deberías dejar de lado, por amor a otros?

El regreso del Rey

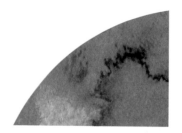

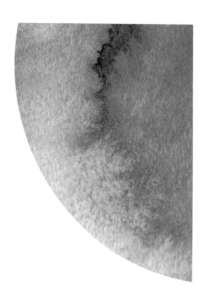

Introducción al estudio

El propósito del concilio de Jerusalén fue mucho más que resolver una disputa sobre los nuevos creyentes. Lo que estaba en juego era el corazón mismo del evangelio: ¿qué se requería para que alguien fuera un verdadero creyente en Jesucristo? Según su conocimiento de la Escritura y la evidencia del Espíritu Santo en las vidas de los gentiles, ellos llegaron a la conclusión de que solo la fe en Cristo únicamente era el centro del mensaje del evangelio… y el evangelio avanzó hacia las naciones sin estorbo.

 ¿Por qué crees que tenemos la tendencia de añadirle requisitos adicionales al evangelio?

La expansión de la iglesia no estuvo libre de desafíos. A cada momento, había hostilidad y oposición al evangelio, y los creyentes a menudo sufrían persecución. Sin embargo, el evangelio se extendió a medida que los creyentes obedecían la Gran Comisión. Hoy en día, esta misión sigue en pie. Seguimos viviendo y proclamando la verdad del evangelio con esperanza y con la confianza de que algún día, quizás hoy, Jesús regresará. Y sabemos que, cuando lo haga, hará nuevas todas las cosas y viviremos en una relación sin obstáculos con Dios para siempre.

¿Con cuánta frecuencia piensas en el regreso de Cristo? ¿Por qué?

Marco contextual

De muchas maneras, **el libro de Hechos** se lee como una extensión de la comisión de Jesús en Hechos 1:8. La iglesia empezó en Jerusalén, se expandió a Judea y cruzó las barreras culturales a Samaria y, con el tiempo, al resto del mundo. Esta extensión del evangelio se centró en gran parte en los esfuerzos misioneros del **apóstol Pablo**, a medida que él viajaba y plantaba iglesias en muchas ciudades, tales como Éfeso, Filipos y Corinto. Gran parte del resto del Nuevo Testamento incluye **las cartas** de Pablo, Pedro y otros a las incipientes iglesias y cristianos de diversos lugares. Estas cartas clarificaban puntos doctrinales y abordaban problemas específicos que habían surgido en sus congregaciones y sus vidas.

> ¿Por qué podemos aprender y crecer al leer cartas de la Biblia escritas a iglesias y personas?

El apóstol Juan se transformó en un gran apologista de la iglesia, escribiendo y predicando sobre la identidad de Jesús, por lo cual lo persiguieron. Cuando era anciano, lo exiliaron en la isla de Patmos, donde recibió la visión que conocemos como **el libro de Apocalipsis**. Dios le mostró a Juan una perspectiva celestial de cómo la historia redentora de Dios en la tierra llegaría a su fin con el regreso de Jesucristo como el Rey del universo, reconocido por personas de toda tribu, lengua, pueblo y nación: el objetivo de «**La misión del evangelio**» (pág. 83). Cuando **Jesús regrese**, Él hará nuevas todas las cosas y, con este nuevo «en el principio…», todo el pueblo de Dios vivirá eternamente en cuerpos resucitados con nuestro Salvador resucitado y reinante.

 ¿Cuáles son algunos de los beneficios para el cristiano que piensa habitualmente en la realidad del regreso de Cristo?

✝ Conexión con CRISTO

Esta era presente llegará a su fin cuando Cristo vuelva a cumplir Sus promesas y a reinar con Su pueblo por la eternidad. La relación que se perdió en el jardín cuando Adán pecó se verá gloriosamente restaurada cuando se revele la ciudad jardín de la Nueva Jerusalén y Jesús enjugue toda lágrima de todo ojo. La manera de ser parte del nuevo mundo de Dios es ser limpio por la sangre del Cordero, derramada para nuestra redención.

La misión del **evangelio**

GRUPOS	ANTIGUO TESTAMENTO	LA IGLESIA	NUEVA CREACIÓN
Linaje	Las doce tribus de Israel (Gén. 49:28; 2 Sam. 5:1).	Santiago escribió a las «doce tribus» de creyentes, tanto judíos como gentiles (Sant. 1:1).	Los redimidos de Dios a través de la sangre del Cordero, Jesucristo, vendrán de todo linaje, lengua, pueblo y nación (Apoc. 5:9-10; 7:1-17).
Lengua	Los idiomas fueron confundidos en la torre de Babel (Gén. 11:7-9).	Mediante el Espíritu, los discípulos predicaron el evangelio en distintos idiomas (Hech. 2).	
Pueblo y nación	Los distintos linajes familiares y reinos sobre la tierra (Sal. 67).	Una nación santa, un pueblo adquirido por Dios (1 Ped. 2:9-10).	

«Y Jesús se acercó y les habló diciendo: Toda potestad me es dada en el cielo y en la tierra. Por tanto, id, y haced discípulos a todas las naciones, bautizándolos en el nombre del Padre, y del Hijo, y del Espíritu Santo; enseñándoles que guarden todas las cosas que os he mandado; y he aquí yo estoy con vosotros todos los días, hasta el fin del mundo. Amén» (Mat. 28:18-20).

Discusión en grupo

▶ Mira el video para esta sesión y continúa con el debate grupal utilizando la guía siguiente.

¿Por qué crees que a tanta gente le fascina el libro de Apocalipsis?

Como cristianos, ¿cómo deberíamos leer este libro? ¿Por qué crees que Dios incluyó esta revelación para nosotros?

Como grupo, lean Apocalipsis 19:11-16.

✴ ¿Qué nombres usó Juan para describir a Jesús? ¿Qué nos dicen estos nombres sobre Él?

¿Qué nos dicen las descripciones sobre Jesús en este pasaje sobre los resultados de Su segunda venida?

El jinete se llama Fiel y Verdadero. Jesús nunca falla y tiene un carácter constante. Viene a juzgar la tierra precisamente porque es fiel y verdadero a la voluntad y el carácter de Dios. Es más, sobrepasa totalmente nuestra comprensión y es el Gobernante supremo. Juntos, estos nombres nos dicen que Jesús está por encima de todo y que Su majestad supera nuestro entendimiento.

Como grupo, lean Apocalipsis 21:1-5.

¿Cómo resumirías el mensaje comunicado en estas imágenes?

✴ ¿Por qué es significativo que la Escritura enfatice la cualidad de nuevo en toda esta descripción del cielo?

El regreso de Jesús marca la novedad de todas las cosas. Todo lo que vino como resultado del pecado (el dolor, la enfermedad, la muerte y la tristeza) se acabará. Cristo restaurará Su creación a algo tan bueno (o incluso mejor) como lo que había sido originalmente. Pero lo más significativo de todo es que el regreso de Jesús significa que la humanidad por fin vivirá en perfecta comunión con Dios. Lo conoceremos tal como Él nos conoce. Ya no nos separará de ninguna manera la barrera del pecado. Este es el cumplimiento de la promesa del evangelio.

Como grupo, lean Apocalipsis 22:1-5.

 ¿Cómo se relacionan estas imágenes con el jardín del Edén que se describe en Génesis 2? ¿Cuál es la trascendencia de estas conexiones?

Según lo que leíste en Apocalipsis 21 y 22, ¿cuáles son algunas verdades sobre el cielo que puedes declarar con confianza?

Incluso después de leer estos pasajes de la Escritura, aún no podemos señalar demasiados detalles específicos de cómo será el cielo. Sin embargo, podemos esperar con ansias algunas verdades maravillosas que sí sabemos sobre el cielo. A través de la fe, podemos permanecer firmes en la convicción de que el cielo es (y siempre será) un lugar donde experimentamos alegría, paz y amor en la presencia de Cristo para siempre. Amén.

✝ Aplicación MISIONERA

En este espacio, registra al menos una manera en que puedes aplicar la verdad de la Escritura como un residente temporal en esta tierra que anhela con paciencia, confianza y urgencia el regreso de Jesús.

Estudio personal 1

El Rey conquistador regresará a juzgar la rebelión.

Lee Apocalipsis 19:11-16.

En el Antiguo Testamento, Dios reinaba sobre el pueblo como el Rey de Israel, pero Su reino no era suficiente en el corazón de las personas. Ellas querían ser iguales a las demás naciones (1 Sam. 8:5). Dios les advirtió que los reyes las oprimirían y terminarían descarriándolas, pero el pueblo persistió en su demanda. Entonces, Dios le concedió su pedido y levantó a varios reyes para que gobernaran sobre el pueblo.

Uno por uno, los reyes fracasaron. Incluso los gobernantes fieles y buenos como David, Salomón, Ezequías y Josías fueron líderes endebles y caídos. Sin embargo, a lo largo de todo el Antiguo Testamento, siempre hubo entretejido un hijo de oro que señalaba la venida del Rey que reinaría en paz y justicia perfectas (ver Isa. 9:6-7; Jer. 23:5).

Este Rey ya vino. Es Jesús el Cristo, el Hijo de Dios. Y volverá una vez más. Esta es una buena noticia, ya que el verdadero Rey y el reino de justicia por fin alcanzarán su consumación. Aunque Jesús aseguró Su reino y Su señorío mediante Su muerte y resurrección, Su reino reconocido por fin se cumplirá cuando Él regrese. Y, con eso, llegará el último juicio por la rebelión contra ese reino.

Las imágenes en estos versículos nos generan confianza a la vez que aterran, porque son imágenes de juicio. Para el cristiano, deberían fortalecer nuestra confianza. Nos recuerdan que Jesús no regresará como un bebé, manso y apacible, donde pocos reconozcan Su verdadera identidad. Así vino la primera vez, como el Siervo Sufriente. Pero, cuando Jesús regrese, Su identidad será clara, y todos verán y reconocerán Su poder y Su gloria. Volverá otra vez como el Rey conquistador. Es solo cuestión de tiempo hasta que regrese en toda Su gloria y Su poder y restaure todas las cosas.

Entonces, como cristianos, podemos vivir con confianza frente a la injusticia y el mal. Cuando somos testigos de estas cosas, es fácil pensar que Dios no está prestando atención o que las atrocidades de los hombres no le interesan demasiado. Después de todo, los justos siguen sufriendo y los injustos siguen prosperando. Fácilmente, como el salmista, nos frustramos y miramos al cielo, clamando: «¿Dónde estás, Dios mío? ¿Acaso no te das cuenta de lo que sucede?».

Sin embargo, no deberíamos confundir la paciencia de Dios con apatía. Él ve. Él sabe. Él se interesa. Y, cuando Jesús regrese, traerá justicia y juicio. En esto podemos tener esperanza y seguridad, incluso mientras soportamos afrentas y dolor por causa de Cristo.

La imagen de Cristo que regresa en autoridad que le da confianza al cristiano, le trae terror al resto del mundo. Llegará el día en el que sea demasiado tarde. Demasiado tarde para arrepentirse. Demasiado tarde para creer. Demasiado tarde para dar marcha atrás. La justicia llegará.

A la luz de la seguridad del juicio de Dios, como cristianos, debemos avanzar con confianza en nuestra misión del evangelio. Debemos predicar el evangelio con libertad y abundancia, sin temor y con compasión por aquellos que no están bajo la gracia de Dios porque llegará el día en que el Rey Jesús juzgue todas las cosas.

¿Cómo puedes aumentar tu confianza en la autoridad y el poder de Cristo?

¿Cuáles son las repercusiones de una plena confianza en la autoridad y el poder de Cristo en cuanto a tu manera de vivir en misión para Su reino?

Estudio personal 2

El Rey conquistador regresará para hacer nuevas todas las cosas.

Lee Apocalipsis 21:1-5.

En la visión que Dios le dio al apóstol Juan, prometió hacer nuevas todas las cosas. Después de la destrucción de Satanás, Dios renovará el orden creado del cielo y la tierra para hacer un hogar para Él y la esposa de Cristo, la Iglesia. Esto hace eco de la profecía dada a Isaías: «Porque he aquí que yo crearé nuevos cielos y nueva tierra; y de lo primero no habrá memoria» (Isa. 65:17).

Consideremos las características de este nuevo cosmos. Vemos una nueva ciudad que desciende del cielo de parte de Dios. Él es quien preparó y creó esta nueva ciudad para Él y Su pueblo.

El libro de Hebreos dice que Abraham esperaba con ansias una ciudad celestial cuyo arquitecto y constructor era Dios (Heb. 11:10). Dios le dijo a Abraham que, a partir de él, haría un pueblo para sí mismo y les daría una tierra. La tierra prometida que Dios le juró a Abraham anticipaba la tierra mejor y celestial: una ciudad que Dios ha preparado para Su pueblo (v. 16). Tenemos la esperanza de que, cuando Cristo regrese, habitaremos como ciudadanos de una «nueva Jerusalén».

En esta visión, también recibimos la maravillosa promesa de la presencia renovada de Dios con nosotros por la eternidad. De principio a fin, la Biblia es la historia de cómo Dios redime al mundo. Cuando Adán y Eva pecaron en Génesis 3, se los echó del jardín del Edén y de la presencia de Dios. Sin embargo, Dios les hizo una promesa a Abraham y sus hijos: «Yo seré vuestro Dios, y vosotros seréis mi pueblo». Esa promesa está entretejida en toda la historia de la redención (ver Ex. 6:7; Lev. 26:12; Jer. 31:33; Ezeq. 11:20).

Dios vino a habitar con el hombre de la manera más íntima de todas, al tomar forma humana (Mat. 1:23; comp. Isa. 7:14). Como resultado de la obra de Cristo, ahora Dios habita dentro de todo creyente mediante Su Espíritu Santo (2 Cor. 6:16-18). Y, al final de los tiempos, Dios destruirá todo el pecado, renovará la tierra, resucitará nuestros cuerpos y habitará con nosotros de forma plena y permanente en un Edén renovado (ver Apoc. 21:3).

Estar en la presencia de Dios eternamente es nuestra mayor promesa y esperanza. El único deseo de David era habitar en la casa del Señor para siempre (Sal. 27:4). En David, vemos aquello para lo cual el hombre fue creado originalmente: para conocer a Dios de manera íntima.

Además, Jesús afirmó en Juan 17:3: «Y esta es la vida eterna: que te conozcan a ti, el único Dios verdadero, y a Jesucristo, a quien has enviado».

El propósito de la primera venida de Cristo fue abrir un camino para que pudiéramos estar en la presencia de Dios. El propósito de Su segunda venida es que estemos con Él eternamente. Si Jesús mismo es el mayor tesoro en el cielo, entonces también debe ser nuestro mayor tesoro en la tierra.

Por último, vemos que el nuevo orden cósmico será notablemente distinto del anterior. La vieja creación estaba infectada por el mal y el pecado, esclava de la corrupción (Rom. 8:21). Esta primera creación se fundirá y le dejará paso a un cielo nuevo y una tierra nueva en los cuales more la justicia (2 Ped. 3:12-13).

Para aquellos que pertenecen a Cristo, este hogar eterno será un lugar donde la muerte y el dolor ya no existan. La maldición de la muerte habrá terminado para siempre porque nuestros cuerpos perecederos y mortales serán renovados y transformados en cuerpos inmortales y perennes. Los que pusieron su fe en Cristo en este mundo serán libres de disfrutar de Él para siempre.

¿Cuál fue siempre tu visión del cielo? ¿Cuáles son algunos errores conceptuales comunes sobre el cielo?

¿Anhelas estar en la presencia de Dios cada día? ¿Por qué o por qué no? ¿Qué cambios puedes hacer para garantizar que pases tiempo con Jesús?

Estudio personal 3

El Rey conquistador regresará a estar con Su pueblo para siempre.

Lee Apocalipsis 22:1-5.

¿Cómo será? ¿Qué experimentaremos cuando el Rey conquistador regrese? Apocalipsis 22 nos permite vislumbrar algunas cosas, y es glorioso. Encontramos un nuevo Edén, con algunos vestigios del primer jardín, pero ahora en una ciudad.

En su visión, cuanto más se acercaba Juan a la ciudad, más se parecía esta a un jardín. Era como el jardín del Edén, pero mejor. Un río regaba el Edén para proveer vida, y ahora un río manaba desde el trono. Tal como en el jardín del Edén, el árbol de la vida está en la ciudad. Este árbol de vida desapareció misteriosamente después de estar presente en el primer hogar humano, pero reaparece en el último hogar humano, produciendo su fruto maravilloso todos los meses, a diferencia de cualquier otro árbol que conozcamos. La abundante cosecha del árbol, así como su efecto sanador de las hojas de sus ramas, muestran que el cielo está lleno de maravillas gloriosas y vivificantes. Allí, todos gozan de buena salud siempre.

En esta ciudad, no hay maldición. La maldición del pecado que apareció en el primer jardín se ha infiltrado a cada parte de nuestra existencia humana. Nuestras relaciones, nuestras prioridades y nuestras emociones están todas contaminadas por el pecado. Pero, algún día, la maldición dejará de existir. Y, cuando desaparezca, habrá solo bendición. Y ahí es cuando llegamos a la mejor parte de este futuro: el trono de Dios y del Cordero está allí.

Dios siempre deseó vivir en una relación íntima con Su pueblo. Que ellos puedan conocerlo, incluso como Él los conoce. Que ellos se entreguen por completo a ser Su pueblo porque Él es su Dios. Este es nuestro futuro.

Imagina eso. En el futuro, ya no estaremos divididos por la fuerza del pecado y de la santidad que tiran en direcciones opuestas. Nuestra mente ya no divagará cuando intentemos concentrarnos en la grandeza de Dios. Ya no sentiremos la tentación del pecado y la angustia que viene después. Ya no viviremos por fe porque no será necesario. Veremos el rostro de Jesús y lo conoceremos.

Esto es verdaderamente lo que hace que el cielo sea el cielo. Sin duda, hay otras partes gloriosas. Ya no habrá más enfermedad. No más cáncer. No más alergias. No más funerales. No habrá más injusticia. No más retribución. No más luchas sociales. Pero todas estas cosas fluyen de la más grande de todas: una relación sin barreras con Dios. A esto señala toda la vida cristiana. Y es más que eso… A esto apunta toda la historia de la redención. Dios nos está moviendo, como Su pueblo, hasta el momento en que podamos estar verdaderamente con Él con toda libertad.

Ya llega. No sabemos cuándo, pero sabemos que sucederá. A la luz de todo esto, el final de la historia (el principio de la eternidad) debería motivarnos a vivir con urgencia. Deberíamos desatar el mensaje del evangelio y la obra del reino de todas las formas posibles, uniéndonos a Dios en Su misión para restaurar lo que el pecado ha roto.

Mientras lo hacemos, haríamos bien en recordar que el futuro no está en duda. Como Juan registró las palabras de Jesús: «Estas palabras son fieles y verdaderas» (22:6).

¡Amén! ¡Ven, Señor Jesús!

¿Por qué crees que es tan importante para los cristianos tener una visión del futuro?

¿Cuáles son algunas maneras específicas en las cuales puedes buscar esta visión del cielo, incluso mientras estás en la tierra esta semana?

Consejos para liderar a un grupo pequeño

Sigue estas pautas para prepararte para cada sesión grupal.

Prepárate en oración

Repasa

Repasa el material de la semana y las preguntas grupales de antemano.

Ora

Dedica tiempo a orar por cada persona del grupo. Pídele al Espíritu Santo que obre a través de ti y del debate grupal mientras señalas a Jesús cada semana a través de la Palabra de Dios.

Minimiza las distracciones

Crea un ambiente cómodo. Si los miembros del grupo están incómodos, se distraerán y, por lo tanto, no participarán de la experiencia grupal. Planea de antemano tomando en cuenta estos detalles:

Los asientos

La temperatura

La iluminación

La comida o la bebida

El ruido de fondo

La limpieza general

En el mejor de los casos, la consideración y la hospitalidad les muestra a los miembros del grupo que son bienvenidos y que se los valora, dondequiera decidan reunirse. En el peor de los casos, las personas quizás nunca noten tu esfuerzo, pero tampoco se distraerán. Haz todo lo que puedas para ayudarlas a concentrarse en lo más importante: conectarse con Dios, con la Biblia y con los demás.

Incluye a otros

Tu objetivo es fomentar una comunidad en la cual las personas se sientan aceptadas tal cual son, pero también alentadas a crecer espiritualmente. Está siempre alerta a oportunidades de incluir a cualquiera que visite el grupo y para invitar a nuevas personas a que se unan a tu grupo. Una manera económica de lograr que los que visitan por primera vez se sientan acogidos o de invitar a los demás a participar es darles sus propios ejemplares de este libro de estudio bíblico.

Fomenta el debate

Un buen grupo pequeño tiene las siguientes características.

Todos participan
Anima a todos a hacer preguntas, compartir sus respuestas o leer en voz alta.

Nadie domina, ni siquiera el líder
Asegúrate de que tu momento de hablar como líder lleve menos de la mitad del tiempo que están juntos como grupo. De manera educada, redirige el debate si hay alguien que lo esté acaparando.

A nadie se lo apura con las preguntas
No creas que un momento de silencio es algo malo. A menudo, las personas necesitan pensar antes de responder preguntas que acaban de escuchar, o reunir la valentía para comunicar lo que Dios pone en sus corazones.

Las distintas perspectivas se afirman y se amplían
Asegúrate de señalar algo verdadero o útil en cada respuesta. No sigas adelante sin más. Construye el sentido de comunidad con preguntas de seguimiento, preguntando cómo otros han experimentado cosas similares o cómo una verdad ha formado su comprensión de Dios y del pasaje bíblico que están estudiando. Es menos probable que las personas hablen si temen que, en realidad, no quieras escuchar sus respuestas o que estás buscando solo una respuesta en particular.

Dios y Su Palabra son centrales
Las opiniones y las experiencias pueden ayudar, pero Dios nos ha dado la verdad. Confía en la Palabra de Dios como la autoridad y en el Espíritu de Dios para que obre en las vidas de las personas. No puedes cambiar a nadie, pero Dios sí puede. No dejes de llevar a las personas a la Palabra y a dar pasos activos de fe.

Cómo usar la Guía para el líder

Prepárate para liderar

Cada sesión de la Guía para el líder está diseñada para que puedas **arrancarla**, para que tú, el líder, puedas tener esta hoja impresa de los dos lados mientras guías a tu grupo durante la sesión.

Mira el video educativo de la sesión y **lee todo el contenido de la sesión** con la hoja troquelada de la Guía para el líder en mano y observa cómo complementa cada sección del estudio.

Usa el **Objetivo de la sesión** en la Guía para el líder para ayudar a concentrar tu preparación y liderazgo en la sesión grupal.

Preguntas y respuestas

✱ Las preguntas en el contenido de la sesión que tengan **este ícono** contienen algunas respuestas de muestra proporcionadas en la Guía para el líder, por si las necesitas para iniciar la conversación o conducirla.

Marco contextual

Esta sección de la sesión siempre tiene una **infografía** en la página opuesta. La Guía para el líder proporciona una actividad para ayudar a los miembros de tu grupo a interactuar con el contenido comunicado a través de la infografía.

Aplicación MISIONERA

La Guía para el líder proporciona una **declaración de Aplicación MISIONERA** sobre cómo los cristianos deberían responder a la verdad de la Palabra de Dios. Léele esta declaración al grupo y luego dirígelo a registrar, en el espacio en blanco proporcionado en sus libros, al menos una manera en que responderán personalmente, recordando que toda la Escritura señala al evangelio de Jesucristo.

Ora

Finaliza cada sesión grupal en oración. **Una breve oración de muestra** se proporciona al final de cada página troquelada de la Guía para el líder.

Sesión 1 · Guía para el líder

Objetivo de la sesión

Mostrar cómo el Espíritu Santo fue dado para cumplir la promesa del Padre y de Jesús, y para empoderar a la iglesia para vivir para Cristo y completar la misión que Él le dio.

Introducción al estudio

Usa estas respuestas según sea necesario para las preguntas resaltadas en esta sección.

- El éxito terrenal, ya sea en nuestro trabajo o nuestras finanzas.
- La estabilidad y la permanencia en el lugar y la manera en que vivimos.
- El deseo de agradar a los demás, o incluso a nosotros mismos.

Marco contextual

Usa estas respuestas según sea necesario para las preguntas resaltadas en esta sección.

- Era el plan de Dios que el Espíritu Santo viniera en Pentecostés, no en la ascensión.
- Para infundirles a los discípulos la mentalidad de esperar que Dios se moviera y los guiara, tal como había hecho con los israelitas en el desierto.
- Para que les quedara en claro que la sabiduría y el poder de Dios en el Espíritu Santo los ayudaría a cumplir con la misión del evangelio, no su propia sabiduría ni poder.

Usa la siguiente actividad para ayudar a los miembros del grupo a ver la bendición y la certidumbre que vienen con la presencia del Espíritu Santo.

Dirige a los miembros del grupo a ver las conexiones en **«Cómo ver el Antiguo Testamento en Hechos»** (pág. 11). Pídeles que identifiquen cómo estas conexiones se relacionan con las historias y las promesas de la Biblia que ya abarcamos en este estudio. Después, pregunta: «¿Cómo te anima saber que el plan de Dios anunciado en el Antiguo Testamento incluía la venida del Espíritu Santo y la existencia de la iglesia, de la cual eres parte como creyente en Cristo?».

Lee este párrafo para pasar a la siguiente parte del estudio.

Así como la crucifixión y la resurrección de Jesús no fueron el plan B de Dios, tampoco lo fueron la venida del Espíritu Santo y la iglesia, con toda su variedad de personas y dones. El plan A de Dios, desde antes de los tiempos y tal como fue anunciado en el Antiguo Testamento, nos incluye a nosotros como creyentes en Cristo, llenos del Espíritu, reunidos con la iglesia y viviendo en misión por el nombre de Jesús.

Discusión en grupo

Miren el video de esta sesión y luego, como parte del debate grupal, usen estas respuestas según sea necesario para las preguntas resaltadas en esta sección.

Hechos 2:1-4

- El poder del Espíritu Santo se ve ilustrado en los elementos del viento y el fuego, los cuales tienen el poder de mover y transformar la creación de Dios.
- El propósito del Espíritu Santo es venir sobre cada creyente en Jesucristo de manera individual para llenarlo de poder para la misión y darle la certeza de la presencia de Cristo.
- El Espíritu Santo empodera a los creyentes para comunicar el evangelio.

Hechos 2:22-24,36-40

- El evangelio debe escucharse para que la gente pueda creer; pero, si no hay arrepentimiento ni fe en respuesta, las personas permanecen muertas en sus pecados.
- La convicción de pecado no equivale a saber cómo responder en fe, así que la predicación del evangelio tiene que incluir una afirmación clara de respuesta.
- La instrucción de Pedro a la multitud nos ayuda a saber cómo responder al evangelio y cómo guiar a otros a responder al evangelio.

Hechos 2:41-47

- La obra de Dios en la salvación de los pecadores es una maravilla para contemplar.
- El «temor del Señor» se refiere a una profunda reverencia hacia nuestro Creador y Salvador; no nos atrevemos a acercarnos a Él con liviandad, pero podemos hacerlo con confianza.
- El temor del Señor debería llevar a una obediencia llena de fe, al reconocer la santidad y la justicia de Dios y regocijarnos en Su amor, Su misericordia y Su gracia.

Comparte la siguiente afirmación con el grupo. Después, dirígelos a registrar, en el espacio proporcionado en sus libros, al menos una manera en que pueden aplicar la verdad de la Escritura como un creyente habitado por el Espíritu Santo y empoderado para la misión del evangelio.

✝ Aplicación MISIONERA

Como nos fue dado el Espíritu Santo y Él nos cambió, confiamos plenamente en Él a medida que predicamos el evangelio, llamamos a las personas al arrepentimiento y la fe, y vivimos en comunidad.

Cierra la sesión grupal en oración, dándole gracias a Dios por el regalo del Espíritu Santo y pidiéndole que los motive a entregarse de todo corazón a Su misión.

Sesión 2 · Guía para el líder

Objetivo de la sesión

Mostrar que la persecución de la iglesia primitiva empezó desde Israel, lo cual resultó en la extensión del evangelio y el fortalecimiento de la iglesia.

Introducción al estudio

Usa estas respuestas según sea necesario para las preguntas resaltadas en esta sección.

- La devoción a la Palabra de Dios y a la oración.
- La devoción al amor y a la comunión unos con otros en el nombre de Jesús.
- La presencia y el poder del Espíritu Santo.

Marco contextual

Usa estas respuestas según sea necesario para las preguntas resaltadas en esta sección.

- Jesús sufrió por nosotros, así que el sufrimiento de los cristianos brinda la oportunidad de imitarlo en Su sufrimiento ante un mundo que observa.
- La mayoría de las personas huyen del sufrimiento; pero, si los cristianos persisten en la misión del evangelio incluso en medio de la persecución, esto es un testimonio del valor de Cristo.
- El sufrimiento fiel le grita al mundo que hay más en la vida de lo que puede encontrarse y experimentarse en este mundo.

Usa la siguiente actividad para ayudar a los miembros del grupo a ver el poder del sufrimiento fiel por el nombre de Jesús.

Pídele al grupo que mire **«Sufrir por Jesús»** (pág. 23). Diles que señalen cualquier paralelo que vean entre el sufrimiento de la iglesia primitiva y el que experimentó Jesús *(arresto, oración, sanidades, juicio y azotes por parte del Sanedrín, fidelidad continua, maravillas y señales, acusaciones falsas, muerte fuera de la ciudad, oración pidiendo perdón).* Después, haz las siguientes preguntas: «¿Por qué creen que hay tantos paralelos entre el sufrimiento de la iglesia primitiva y el de Jesús?», «¿Cómo es posible regocijarse porque nos consideren dignos de sufrir por el nombre de Jesús?» y «¿Qué tiene que haber creído la iglesia primitiva sobre Dios Padre, Dios Hijo y Dios Espíritu Santo para haber soportado y haberse regocijado en medio del sufrimiento por el nombre de Jesús?».

Discusión en grupo

Miren el video de esta sesión y luego, como parte del debate grupal, usen estas respuestas según sea necesario para las preguntas resaltadas en esta sección.

Hechos 6:8-10

- Estaba lleno del Espíritu Santo.
- Estaba lleno de gracia y poder del Espíritu, y hacía milagros entre las personas.
- Hablaba con sabiduría y verdad por el Espíritu, mientras debatía con aquellos que se le oponían.

Hechos 7:44-51

- Esteban creía que la Escritura era veraz y confiable.
- Esteban creía que las historias de la Escritura tenían significado y propósito que podían aplicarse a la vida.
- Esteban creía que la Escritura convence el corazón humano de pecado.

Hechos 7:54-60

- La visión de Esteban de Jesús parado en el cielo afirmó la calidad de su testimonio del evangelio de Cristo.
- Se suele hablar de Jesús sentado en el cielo, reinando sobre la creación, así que mencionarlo de pie muestra un gran honor para Esteban.
- Jesús se interesa en las vidas de Sus testigos, y esta visión es un recordatorio de que Jesús está con ellos hasta el fin de los tiempos.

Comparte la siguiente afirmación con el grupo. Luego, indícales que registren, en el espacio proporcionado en su libro, al menos una manera en que aplicarán la verdad de la Escritura como un testigo de la verdad, la gracia y la gloria de Jesús.

✝ Aplicación MISIONERA

Como Jesús sufrió y murió por nosotros, damos testimonio de Su grandeza en todo momento, incluso cuando nos calumnian o nos persiguen por la fe.

Cierra la sesión grupal en oración, pidiendo que reciban el valor y la convicción para defender el evangelio cueste lo que cueste.

Sesión 3 · Guía para el líder

Objetivo de la sesión

Mostrar cómo se usó a Felipe para que llevara el evangelio fuera de Jerusalén a Samaria y a un gentil, según lo que Jesús había dicho en Hechos 1:8. En cierto sentido, esta sesión sentará las bases para las próximas.

Introducción al estudio

Usa estas respuestas según sea necesario para las preguntas resaltadas en esta sección.

- El Espíritu Santo convence a las personas de su pecado, para que reconozcan su necesidad del Salvador.
- Las personas pueden experimentar alguna crisis que ablanden su corazón al evangelio.
- Dios puede guiar a un no creyente a un versículo o pasaje de la Escritura que un cristiano pueda explicar para señalarle a Jesús.

Marco contextual

Usa estas respuestas según sea necesario para las preguntas resaltadas en esta sección.

- El orgullo y el prejuicio.
- Nuestra propia comodidad y bienestar.
- La idea de que ciertos grupos de personas y naciones están fuera del alcance salvador de Dios.

Usa la siguiente actividad para ayudar a los miembros del grupo a ver cómo el evangelio se extendió tal como Jesús dijo.

En **«La expansión de la iglesia primitiva en Palestina»** (pág. 35), señala que los discípulos de Jesús comenzarían su misión en Jerusalén y se extenderían a Judea y Samaria. Recuérdale una vez más al grupo que la persecución fue un catalizador para que los discípulos que abandonaban Jerusalén cumplieran el próximo paso de la misión. Después, haz las siguientes preguntas:

- ¿De qué maneras el ministerio de los discípulos hace eco del de Jesús? *(Felipe predicó en Samaria como Jesús; Pedro sanó a un paralítico como Jesús; Esteban murió a las afueras de Jerusalén al igual que Jesús; Pedro resucitó a una niña como Jesús).*

- ¿Qué similitudes y diferencias hay entre los esfuerzos misioneros en este mapa y la misión de Josué de conquistar la tierra prometida? *(Tanto los discípulos como Josué y los israelitas viajaron de norte a sur para cumplir con su misión; a Josué lo enviaron a destruir un pueblo y echarlo por su pecado, pero los discípulos fueron enviados a comunicar el mensaje de Jesús para salvar a la gente de su pecado; tanto Josué como los discípulos experimentaron órdenes y un éxito milagrosos).*

Discusión en grupo

Miren el video de esta sesión y luego, como parte del debate grupal, usen estas respuestas según sea necesario para las preguntas resaltadas en esta sección.

Hechos 8:26-29

- Felipe obedeció con prontitud, aunque recibió instrucciones ambiguas e indefinidas.
- Felipe fue audaz al acercarse a alguien que no conocía.
- Felipe estaba lleno del Espíritu Santo, era humilde y tenía pasión por comunicar el evangelio.

Hechos 8:30-35

- Sé obediente, incluso cuando las instrucciones de Dios te lleven a hacer algo que no te resulte cómodo.
- Dedícate a aprender la enseñanza de los apóstoles (la Palabra de Dios), para poder contestar las enseñanzas de los incrédulos con conocimiento y con fe.
- Confía en el Espíritu Santo para recibir guía y palabras cuando hables del evangelio con un no creyente.

Hechos 8:36-40

- Que creía en el mensaje sobre Jesús.
- Que quiso responder con un acto de obediencia: el bautismo.
- El corazón de un creyente quiere obedecer los mandamientos de Jesús.

Comparte la siguiente afirmación con el grupo. Luego, indícales que registren, en el espacio proporcionado en su libro, al menos una manera en que aplicarán la verdad de la Escritura como receptores de la gracia de Dios comunicada mediante Su Palabra sobre Cristo.

Aplicación MISIONERA

Como Cristo se nos ha revelado en la Escritura, buscamos estar disponibles y obedecer a la guía del Espíritu, dispuestos a comunicar la historia bíblica de salvación a través de Jesús.

Cierra la sesión grupal en oración, pidiendo que tú y tu grupo puedan ser obedientes a la guía del Espíritu Santo en las oportunidades para predicar el evangelio.

Sesión 4 · Guía para el líder

Objetivo de la sesión

Mostrar cómo Dios estaba obrando para salvar incluso a las personas más improbables a través de Saulo y cómo al apóstol se le dio la tarea de extender el evangelio a los gentiles. Esto se relaciona con la sesión anterior, donde vimos cómo Felipe hablaba con un gentil, y con la próxima sesión, donde vemos a Saulo y a Bernabé enviados en misión.

Introducción al estudio

Usa estas respuestas según sea necesario para las preguntas resaltadas en esta sección.

- Podemos ver cómo nuestro sufrimiento tiene un buen propósito en manos de Dios.
- Nuestro sufrimiento sirve como testimonio para los que no creen en el valor de Jesús en nuestra vida.
- Podemos soportar el sufrimiento sabiendo que producirá resistencia en nosotros y nos preparará para dar pasos aún más grandes de fidelidad.

Marco contextual

Usa estas respuestas según sea necesario para las preguntas resaltadas en esta sección.

- En un sentido, la ley enfatizaba la pureza de la comunidad de Dios, de manera que los gentiles impuros e incircuncisos habrían sido rechazados, igual que los israelitas impuros y pecaminosos; esto era para que los israelitas pudieran ser una luz pura para las naciones, para la gloria de Dios.
- Desde el principio, el corazón de Dios ha estado inclinado a las naciones, para que personas de todas partes puedan ser salvas y recibidas en el pueblo de Dios; el Señor concede Su favor y Su bendición a Su pueblo, pero no muestra favoritismo.

Usa la siguiente actividad para ayudar a los miembros del grupo a ver el poder en una vida cambiada por encontrarse con Jesús.

Dirige a tu grupo a repasar la línea del tiempo de «**La vida de Pablo**» (pág. 47). Explica que Pablo se veía a sí mismo como un ejemplo del alcance extremo de la paciencia y la gracia de Dios; si el Señor podía salvarlo a él, podía salvar a cualquiera (1 Tim. 1:12-17). Después, haz las siguientes preguntas:

- ¿En qué sentido somos como Pablo, el peor de todos los pecadores (1 Tim. 1:15? *(Todos estamos condenados ante Dios debido a nuestro pecado, desde el perseguidor hasta el más complaciente).*

- ¿Cuál es la única diferencia entre Pablo «el cristiano» y Pablo «el misionero»? *(Pablo y Bernabé habían sido apartados por el Espíritu Santo para su llamado misionero; de cualquier manera, Pablo predicaba y enseñaba dondequiera que estaba, ya fuera en su contexto local o en el campo misionero).*

Discusión en grupo

Miren el video de esta sesión y luego, como parte del debate grupal, usen estas respuestas según sea necesario para las preguntas resaltadas en esta sección.

Hechos 9:3-9

- Que Saulo había estado ciego a la verdadera naturaleza y el corazón de Dios.
- Que la verdadera vista viene de tener fe en Jesús, lo cual se experimenta en la comunidad de la iglesia.
- Que verdaderamente Jesús es el único que da vista a los ciegos.

Hechos 9:10-16

- Dios tiene el poder de cambiar el corazón de cualquier persona, incluso de un enemigo de la fe.
- Dios tiene planes y propósitos para las personas, incluso antes de que lleguen a la fe en Jesús.
- Todos los que Dios salva tienen el propósito de ser testigos de Jesús dondequiera que estén.

Hechos 9:17-20

- Saulo ya no era enemigo de Dios, sino un miembro de la familia del Señor en Cristo.
- Saulo ya no perseguía a la iglesia, sino que era un hermano en la fe de aquellos a los que había llegado a apresar.
- Aunque la experiencia con Jesús lo había dejado temporalmente ciego, Saulo ahora era un creyente con un corazón, una mente, asociaciones y un propósito cambiados.

Comparte la siguiente afirmación con el grupo. Luego, indícales que registren, en el espacio proporcionado en su libro, al menos una manera en que aplicarán la verdad de la Escritura como alguien cuyo corazón endurecido fue cambiado por Jesús.

✝ Aplicación MISIONERA

Como fuimos transformados por Cristo en nuestra salvación, oramos con plena confianza de que Dios puede transformar el corazón más duro.

Cierra la sesión grupal en oración, pidiendo que reciban la confianza en el poder del evangelio y la motivación para comunicar audazmente la buena noticia de Jesús con el mundo.

Sesión 5 · Guía para el líder

Objetivo de la sesión

Mostrar cómo el método elegido por Dios para llevar el evangelio al mundo es los misioneros, mientras se enfatiza que todos tenemos que vivir en misión en nuestro contexto.

Introducción al estudio

Usa estas respuestas según sea necesario para las preguntas resaltadas en esta sección.

- Para que vivamos con humildad, sabiendo que nuestra transformación de pecadores endurecidos a hijos de Dios viene por la obra del evangelio y del Espíritu Santo.
- Para que nos mantengamos firmes en extender el mensaje del evangelio y no un mensaje inventado por nosotros para agradar a los demás.
- Para evangelizar con esperanza, sabiendo que Dios puede cambiar el corazón de cualquiera.

Marco contextual

Usa estas respuestas según sea necesario para las preguntas resaltadas en esta sección.

- Los misioneros reciben el apoyo de la iglesia, pero los profetas solían ministrar mientras el pueblo los rechazaba.
- Los misioneros son enviados a las naciones; los profetas hablaban en contra de las naciones y rara vez eran enviados a ellas.
- Los profetas solían llevar mensajes de juicio; los misioneros llevan las buenas nuevas del evangelio de Jesucristo.

Usa la siguiente actividad para ayudar a los miembros del grupo a ver la fuerza y la audacia disponibles mediante el Espíritu Santo en la vida de los creyentes.

Llama la atención al mapa **«El primer viaje misionero de Pablo»** (pág. 59). Pídele al grupo que describa la temática de las paradas de Pablo en el continente *(oposición; peligro)*. Después, haz las siguientes preguntas: «¿Por qué creen que Pablo y Bernabé enfrentaron semejante oposición en estas ciudades?», «¿Qué tentaciones podrían haber enfrentado a la luz de la oposición y el peligro por predicar el evangelio?» y «¿Qué podemos saber de su fe, dado que volvieron sobre sus pasos por las mismas ciudades antes de regresar a su hogar?».

Lee este párrafo para pasar a la siguiente parte del estudio.

Sin duda, Pablo y Bernabé consideraron darse por vencidos y volver a casa, o quizás pensaron en bajar la intensidad del mensaje del evangelio. Sin embargo, no hicieron ninguna de estas dos cosas. Permanecieron fieles y fueron donde Dios los había mandado, y dijeron lo que Dios les indicó. Permanecieron fieles, y eso fue bueno y correcto.

Discusión en grupo

Miren el video de esta sesión y luego, como parte del debate grupal, usen estas respuestas según sea necesario para las preguntas resaltadas en esta sección.

Hechos 13:1-3

- Ser una iglesia para todas las naciones.
- Ser una iglesia concentrada en Dios y dedicada a Él y a Su voluntad.
- Ser una iglesia que vivía por fe.

Hechos 13:4-8

- Primero a los judíos, después a los gentiles.
- Predicaban el evangelio como si esparcieran semillas; proclamaban el mensaje sobre Jesús y luego pasaban a otra ciudad.
- Predicaban el evangelio en lugares públicos y con individuos, si estos se los pedían.

Hechos 13:9-12

- El milagro del juicio sirvió para respaldar el mensaje evangelizador de los misioneros.
- La ceguera de Elimas demostró que esta clase de religión, como falso profeta judío, también era ciega, al igual que la experiencia de Pablo después de su encuentro con Jesús.
- Este milagro mostró al procónsul gentil que los misioneros adoraban al único Dios verdadero, y él creyó.

Comparte la siguiente afirmación con el grupo. Luego, indícales que registren, en el espacio proporcionado en su libro, al menos una manera en que aplicarán la verdad de la Escritura como alguien que se ha beneficiado de los esfuerzos misioneros de los discípulos de Jesús.

✝ Aplicación MISIONERA

Como somos los beneficiarios de los misioneros que fueron hasta lo último de la tierra, también consideramos transformarnos en misioneros y enviamos y apoyamos a otros para que vayan a alcanzar a los que jamás escucharon el evangelio.

Cierra la sesión grupal en oración, pidiendo que ustedes y su iglesia prioricen la misión de Dios de manera adecuada.

Sesión 6 · Guía para el líder

Objetivo de la sesión

Mostrar cómo la iglesia primitiva resolvió una disputa vital sobre la naturaleza de la salvación, lo cual protegió el mensaje del evangelio que siguió llevándose adelante y estableció un patrón sobre cómo la iglesia tiene que resolver distintas disputas. Para esta sesión, es necesario tener una visión amplia del resto de la era de la iglesia. Quizás sería bueno, en la conclusión, hablar sobre cómo la iglesia primitiva siguió llevando este mensaje del evangelio en dos viajes misioneros más de Pablo y que hoy sigue manteniendo unida a la iglesia.

Introducción al estudio

Usa estas respuestas según sea necesario para las preguntas resaltadas en esta sección.

- Deberíamos orar para que Dios levante misioneros dentro de las iglesias para que vayan a hacer discípulos a las naciones.
- Deberíamos orar por el corazón y los medios para apoyar a los misioneros en su tarea.
- Deberíamos orar para ser sensibles a la guía del Espíritu Santo.

Marco contextual

Usa estas respuestas según sea necesario para las preguntas resaltadas en esta sección.

- El requisito de la circuncisión no era algo aislado; conllevaba la expectativa de una plena obediencia a la ley de Moisés.
- Requerir la circuncisión para la salvación no concordaba con el gran éxito que Pablo y Bernabé habían tenido en su viaje misionero.
- Exigir la circuncisión significaba que podía haber una grieta en la iglesia entre judíos y gentiles que separara lo que Dios estaba uniendo.

Usa la siguiente actividad para ayudar a los miembros del grupo a ver la importancia de entender la trama de la Biblia.

Pídele al grupo que mire «**Un panorama general**» (pág. 71). Explica que esto resume la trama de la Biblia que hemos estudiado. Dales a los miembros del grupo unos momentos para comentar estos títulos, añadiendo detalles de las historias bíblicas que recuerden, explicando cómo cada fase se relaciona con las demás, etc. Después, haz la siguiente pregunta:

- ¿De qué manera la naturaleza de la caída establece los requisitos para la redención? *(La caída vino como resultado de un corazón orgulloso que anhelaba ser como Dios, y todos heredamos esta naturaleza pecaminosa. El pecado es más que un simple acto externo; es el fruto de un corazón pecaminoso. Entonces, la redención no puede venir de actos externos, sino solamente de un corazón cambiado).*

Discusión en grupo

Miren el video de esta sesión y luego, como parte del debate grupal, usen estas respuestas según sea necesario para las preguntas resaltadas en esta sección.

Hechos 15:1-5

- El tema era preservar la herencia de los judíos.
- Eran los celos del hermano mayor de la parábola de Jesús; los judíos se negaban a celebrar el arrepentimiento sencillo de los conversos gentiles.
- Estos maestros judíos todavía creían que podían encontrar salvación a través del cumplimiento de la ley.

Hechos 15:6-18

- El Padre y el Hijo dan gratuitamente el regalo del Espíritu Santo a todos los que creen en el nombre de Jesús.
- Si los creyentes gentiles recibían el Espíritu Santo sin circuncidarse, entonces seguramente la circuncisión no era un requisito para la salvación.
- El Espíritu Santo es el depósito, la prueba de nuestra salvación, no la circuncisión.

Hechos 15:19-21

- El testimonio del evangelio pudo avanzar sin obstáculos entre los gentiles.
- Los cristianos debían ser testigos de Jesús en el mundo, no testigos de la ley de Moisés.
- Las pocas expectativas para los gentiles debían permitir que el evangelio se predicara sin obstáculos por parte de los creyentes gentiles a los incrédulos judíos.

Comparte la siguiente afirmación con el grupo. Luego, indícales que registren, en el espacio proporcionado en su libro, al menos una manera en que aplicarán la verdad de la Escritura como un pecador salvado solo por gracia mediante la fe en Cristo solamente.

✝ Aplicación MISIONERA

Como reconocemos nuestra necesidad desesperada de gracia y la suficiencia de Cristo en nuestra vida, proclamamos que la salvación está disponible solo a través de la fe en Cristo y que no hace falta ninguna otra obligación ni obra.

Cierra la sesión grupal en oración, dando gracias a Dios por la sencilla verdad del evangelio y orando para que puedan mantener esa verdad impoluta.

Sesión 7 · Guía para el líder

Objetivo de la sesión

Mostrar cómo la historia del evangelio termina con el regreso de Jesús y todas las cosas hechas nuevas, todas las consecuencias del pecado resueltas y nosotros disfrutando de una relación eterna y sin barreras con Dios, tal como Él quiso. Deberíamos enfatizar que esta es nuestra esperanza y la plenitud del evangelio… No termina todo con nuestra salvación personal; seguimos creciendo en el evangelio a medida que avanzamos en el día.

Introducción al estudio

Usa estas respuestas según sea necesario para las preguntas resaltadas en esta sección.

- En nuestro orgullo, queremos salvarnos a nosotros mismos.
- Parece demasiado fácil afirmar que la salvación es solo por fe en Cristo.
- Queremos compararnos con otras personas y medirnos según nuestros propios estándares: una vez más, orgullo.

Marco contextual

Usa estas respuestas según sea necesario para las preguntas resaltadas en esta sección.

- Esperanza para resistir las pruebas y luchas diarias de esta vida.
- Ánimo para vivir con fidelidad, sabiendo que el Salvador regresa pronto.
- Una urgencia para vivir en misión para la gloria del nombre de Jesús entre las naciones.

Usa la siguiente actividad para ayudar a los miembros del grupo a ver el propósito y el resultado de la misión del evangelio que recibimos.

Dirige al grupo a mirar **«La misión del evangelio»** (pág. 83). Pídele al grupo que identifique maneras en que la misión evangelizadora de la iglesia retoma temas que fueron comunicados a través de la trama de la Escritura *(el corazón de Dios por las naciones; la reconciliación entre los pueblos; toda la alabanza y la gloria al Hijo por Su obediencia en la cruz y Su resurrección)*. Después, haz las siguientes preguntas: «¿Cómo te ha ayudado la trama de la Escritura a entender mejor la identidad y la obra de Jesús?» y «¿Cómo has recibido ánimo para vivir en misión a la luz de la trama de la Biblia?».

Lee este párrafo para pasar a la siguiente parte del estudio.

La trama de la Escritura nos ayuda a encontrarles sentido a las diversas historias de la Biblia, pero más aún nos ayuda a ver la importancia de la venida de Jesús y Su segunda venida, y nos desafía a obedecer al Señor y a vivir en misión por Su gran nombre. No pasemos por alto el punto fundamental de la Escritura: señalémosles a todos a Jesús, tal como la Biblia lo hace.

Discusión en grupo

Miren el video de esta sesión y luego, como parte del debate grupal, usen estas respuestas según sea necesario para las preguntas resaltadas en esta sección.

Apocalipsis 19:11-16

- *Fiel y verdadero:* Jesús es digno de confianza, fiel y siempre cumple Sus promesas.
- *El Verbo de Dios:* Jesús se comunica y actúa en completa armonía con Dios porque Él es Dios. Su Palabra es poderosa y nunca falla.
- *Rey de reyes y Señor de señores:* el reino de Jesús es supremo por encima de todos los demás reyes, señores, gobernantes y autoridades. Todos se inclinarán ante Él.

Apocalipsis 21:1-5

- El cielo y la tierra actuales están contaminados de pecado y aguardan la redención.
- El cristiano espera con ansias la segunda venida de Jesús, en parte debido a la promesa de la resurrección, donde recibiremos nuevos cuerpos libres de pecado y muerte.
- Dios prometió desde el principio que Su Hijo aplastará a la serpiente, y esto dará paso a un nuevo comienzo, libre de tentación y de pecado.

Apocalipsis 22:1-5

- El árbol de la vida está al alcance de todos los creyentes en el cielo y la tierra nuevos, así que la vida eterna está garantizada.
- Ya no habrá ninguna maldición; el trabajo de los seres humanos volverá a estar lleno de gozo y a glorificar a Dios, mientras le obedecemos con todo nuestro corazón.
- La presencia de Dios vuelve a estar con la humanidad en toda plenitud, sin el obstáculo del pecado, y ya no la perderemos jamás.

Comparte la siguiente afirmación con el grupo. Luego, indícales que registren, en el espacio proporcionado en su libro, al menos una manera en que aplicarán la verdad de la Escritura como un residente temporal en esta tierra que anhela con paciencia, confianza y urgencia el regreso de Jesús.

✝ Aplicación MISIONERA

Como llevamos la firme esperanza en nuestro interior de que Jesús regresará en cualquier momento y hará todas las cosas nuevas, vivimos con confianza y gozo, y también con la urgencia de predicar la esperanza del evangelio a otros.

Cierra la sesión grupal en oración, dándole gracias a Dios por la promesa de que Él controla toda la historia y está reuniendo todas las cosas bajo el señorío de Cristo.

[ÉL] SE DIO A SÍ MISMO

para redimirnos de
toda iniquidad
y purificar para sí
un pueblo propio,
celoso de buenas obras.

TITO 2:14

FUNDAMENTOS DEL
EVANGELIO

COMPRENSIVO. CONCISO. CRISTOCÉNTRICO.

De principio a fin, la Biblia es la historia del plan de Dios para redimir a los pecadores a través de Jesús. *Fundamentos del Evangelio* cuenta esa historia. De los creadores de The Gospel Project, este recurso de 6 volúmenes tiene un alcance integral, pero lo suficientemente conciso para completarlo en un año. Cada volumen de 7 sesiones incluye varias herramientas para ayudar a su grupo a **comprender claramente** cómo cada texto encaja en la historia de la Escritura.

CARACTERÍSTICAS

· 6 volúmenes que separan claramente los elementos temáticos del evangelio.
· 7 sesiones por volumen que permiten que los participantes conecten con las Escrituras.
· Con videos de introducción (5-7 min) para cada sesión completamente gratis.
· Tres estudios individuales por cada sesión para el crecimiento espiritual continuo.

Visítanos para más información o compra en **lifeway.com/fundamentos**

THE
GOSPEL
PROJECT.
ESPAÑOL

FUNDAMENTOS DEL EVANGELIO

VOL 1

En *El Dios creador*, los grupos explorarán lo que sucedió «en el principio», cuando Dios asentó los cimientos de la tierra y luego estableció un camino para la redención de Su pueblo a través de Su pacto con Abraham.

$9.99 • 9781535948494

VOL 2

Un pueblo errante continúa la historia del plan de redención de Dios Una vez libres y prósperos, son un pueblo en cautiverio pidiendo rescate. Dios rescató a Su pueblo y les reveló su necesidad de una redención aún mayor, la del pecado en sus corazones.

$9.99 • 9781535956581

VOL 3

En *La esperanza de un rey*, el pueblo de Dios vive en la tierra prometida, pero no son libres. Su rebelión contra su Redentor los ha llevado a sufrir opresión. Anhelan que un rey derrote a sus enemigos y los

$9.99 • 9781535956598 lleve a la prosperidad.

VOL 4

En *El rescate venidero*, el pueblo de Dios está esclavizado una vez más, habiendo renunciado al Dios verdadero por los ídolos hechos por manos humanas. Pero a pesar de que huyen de Él, Dios continúa buscándolos.

$9.99 • 9781535956604

VOL 5

Dios con nosotros comienza en el Nuevo Testamento. Dios ha guardado silencio durante 400 años, hasta que, fi nalmente, un ángel aparece a un sacerdote, una joven y un carpintero. Había llegado el tiempo de la llegada del Salvador.

$9.99 • 9781535956611

VOL 6

En *El reino en la Tierra*, continuamos en el Nuevo Testamento y vemos que el evangelio estaba en movimiento. La buena noticia del rescate de los pecadores por Dios se extendió de un puñado de seguidores a un movimiento multinacional. Un pueblo formado por cada tribu, lengua y nación.

$9.99 • 9781535956628

Visítanos para más información o comprar en **lifeway.com/fundamentos**

Directorio del grupo

Nombre: _____

Teléfono fijo: _____

Teléfono móvil: _____

Correo electrónico: _____

Medios sociales: _____

Nombre: _____

Teléfono fijo: _____

Teléfono móvil: _____

Correo electrónico: _____

Medios sociales: _____

Nombre: _____

Teléfono fijo: _____

Teléfono móvil: _____

Correo electrónico: _____

Medios sociales: _____

Nombre: _____

Teléfono fijo: _____

Teléfono móvil: _____

Correo electrónico: _____

Medios sociales: _____

Nombre: _____

Teléfono fijo: _____

Teléfono móvil: _____

Correo electrónico: _____

Medios sociales: _____

Nombre: _____

Teléfono fijo: _____

Teléfono móvil: _____

Correo electrónico: _____

Medios sociales: _____

Nombre: _____

Teléfono fijo: _____

Teléfono móvil: _____

Correo electrónico: _____

Medios sociales: _____

Nombre: _____

Teléfono fijo: _____

Teléfono móvil: _____

Correo electrónico: _____

Medios sociales: _____

Nombre: _____

Teléfono fijo: _____

Teléfono móvil: _____

Correo electrónico: _____

Medios sociales: _____

Nombre: _____

Teléfono fijo: _____

Teléfono móvil: _____

Correo electrónico: _____

Medios sociales: _____

Nombre: _____

Teléfono fijo: _____

Teléfono móvil: _____

Correo electrónico: _____

Medios sociales: _____

Nombre: _____

Teléfono fijo: _____

Teléfono móvil: _____

Correo electrónico: _____

Medios sociales: _____